Ética y coaching ontológico

RAFAEL ECHEVERRÍA

Ética y coaching ontológico

GRANICA

BUENOS AIRES - MÉXICO - SANTIAGO - MONTEVIDEO

BUENOS AIRES   Ediciones Granica S.A.
Lavalle 1634 - 3° G
C1048AAN Buenos Aires, Argentina
Tel.: +5411-4374-1456
Fax: +5411-4373-0669
E-mail: granica.ar@granicaeditor.com

MÉXICO   Ediciones Granica México S.A. de C.V.
Valle de Bravo N° 21
Col. El Mirador
53050 Naucalpan de Juárez, México
Tel.: +5255-5360-1010
Fax: +5255-5360-1100
E-mail: granica.mx@granicaeditor.com

SANTIAGO   Ediciones Granica de Chile S.A.
Padre Alonso Ovalle 748
Santiago, Chile
E-mail: granica.cl@granicaeditor.com

MONTEVIDEO   Ediciones Granica S.A.
Scoseria 2639 Bis
11300 Montevideo, Uruguay
Tel: +5982-712-4857 / +5982-712-4858
E-mail: granica.uy@granicaeditor.com

www.granica.com

ISBN 978-950-641-598-3

Hecho el depósito que marca la ley 11.723

Impreso en Argentina. *Printed in Argentina*

Echeverría, Rafael
    Ética y coaching ontológico. - 1a ed. - Buenos Aires :
Granica, 2011.
    104 p. ; 22x15 cm.
    ISBN 978-950-641-598-3

    1. Ética. I. Título.
    CDD 170

ÍNDICE

1. LA CENTRALIDAD DEL DOMINIO DE LA ÉTICA: LA CRISIS QUE HOY ENCARA
   LA HUMANIDAD 13
2. SUFRIMIENTO E INEFECTIVIDAD 14
3. LA PREGUNTA POR EL SER HUMANO 15
4. NIETZSCHE Y EL RETORNO A SÓCRATES 17
5. LAS PREMISAS BÁSICAS DEL PROGRAMA METAFÍSICO 19
6. RASGOS BÁSICOS DE LA MODERNIDAD 20
7. CRÍTICA DE LA MODERNIDAD AL PROGRAMA METAFÍSICO 21
8. EL RELATIVO ESTANCAMIENTO POSTERIOR A NIETZSCHE 22
9. CUATRO GRANDES DESARROLLOS 23
10. LA FILOSOFÍA ANTROPOLÓGICA DE MARTIN BUBER 23
11. LA EMERGENCIA DE LA FILOSOFÍA DEL LENGUAJE 24
12. EL AVANCE DE LAS CIENCIAS BIOLÓGICAS 26
13. LA REFLEXIÓN SOBRE LOS CONDICIONANTES DE LA ACCIÓN HUMANA ... 27
14. LA ÉTICA ASOCIADA A LA NOCIÓN DEL OBSERVADOR 33
15. LA ÉTICA ASOCIADA A LA NOCIÓN DE SISTEMA 35
16. UN NUEVO ESCENARIO PARA UNA CONCEPCIÓN DEL SER HUMANO SITUADA
    EN LA PERSPECTIVA DE LA TRANSFORMACIÓN: LOS DESAFÍOS DEL APRENDER
    Y DEL EMPRENDER 37
17. HACIA LA BÚSQUEDA DE NUEVOS CAMINOS DE ESPIRITUALIDAD ... 39
18. LA NOCIÓN DE ALMA HUMANA 41
19. EL CARÁCTER MISTERIOSO DEL ALMA HUMANA 43
20. LA ESTRUCTURA DE LO POSIBLE 49
21. EL RANGO DE LA TRANSFORMACIÓN 54
22. LOS SEIS EJES ÉTICO-EMOCIONALES DE LA ONTOLOGÍA DEL LENGUAJE ... 56
23. HACIA UNA ÉTICA DE LA PRÁCTICA DEL COACHING ONTOLÓGICO ... 61
24. EL CARÁCTER DE LA PRÁCTICA DEL COACHING ONTOLÓGICO ... 62
25. EL CARÁCTER PLURAL Y MÚLTIPLE DEL ALMA HUMANA: PERSONA Y SOMBRA ... 63
26. LA DIALÉCTICA DEL ALMA HUMANA 65
27. EL COACH ONTOLÓGICO COMO PARTERO DEL DEVENIR DEL ALMA HUMANA ... 67

28. EL COACHING ONTOLÓGICO COMO DEPURACIÓN DE LOS RESABIOS METAFÍSICOS
    DE NUESTRO SENTIDO COMÚN   69
29. EL CARÁCTER AMORAL DE LA PRÁCTICA DEL COACHING ONTOLÓGICO:
    EL COACH COMO ESPEJO DEL COACHEE   72
30. DESDE EL "CLARO" ONTOLÓGICO   74
31. EL PAPEL DE LA INTUICIÓN   75
32. LA IMPORTANCIA DE LA CONEXIÓN EMOCIONAL   76
33. DISEÑO DEL ESPACIO EMOCIONAL DE LA INTERACCIÓN DE COACHING   77
34. EL PODER DE LA POSITIVIDAD EMOCIONAL Y EL RETORNO A LOS EJES
    ÉTICO-EMOCIONALES   79
35. LOS ORÍGENES OSCUROS DE LA PRÁCTICA DEL COACHING ONTOLÓGICO   83
36. EL FRACASO DEL "PROGRAMA DE APRENDIZAJE TRANSFORMACIONAL"   85
37. EL PROCESO DE COACHING ONTOLÓGICO, SUS FASES Y SU PRESENCIA
    EN LA INTERACCIÓN   87
38. LA AUSENCIA DE UN CAMINO "CORRECTO" PREDETERMINADO   89
39. LOS ERRORES EN LA PRÁCTICA DEL COACHING ONTOLÓGICO   91
40. ¿QUÉ DEFINE REALMENTE AL COACHING ONTOLÓGICO? UN DEBATE   93
41. EL COACHING ONTOLÓGICO COMO PRÁCTICA EN UN ESPACIO PRIVADO   98
42. EL PRIVILEGIO DE DEVENIR UN COACH ONTOLÓGICO   100

OBRAS DE RAFAEL ECHEVERRÍA REFERIDAS EN ESTE LIBRO   103

A la memoria de mi madre, Marta Huidobro.

He recibido una petición del profesor Mariano Cattarossi de escribir un breve mensaje para sus alumnos de la Carrera de Posgrado, Maestría en Coaching Organizacional, de la Universidad del Salvador de la Argentina, sobre los valores éticos en la práctica del coaching ontológico.

Es un tema que no puedo agotar con un par de frases o una carta de cortesía, pues remite a lo que considero el corazón mismo de esta práctica y del discurso que la inspira. Nuestros alumnos saben que su certificación en nuestros programas de formación de coaches ontológicos depende de su desempeño en dos ámbitos: el de las competencias y el de la ética.

Constato, sin embargo, que, a pesar de su importancia, esta no ha sido una temática que haya sido abordada por escrito de manera directa. He hablado mucho sobre ella, pero quienes acceden a mi propuesta a través de mis textos no disponen de un escrito que sintetice mi posición al respecto. Tomo, por lo tanto, esta petición como una oportunidad para suplir esta carencia.

Berkeley, enero de 2011

1. La centralidad del dominio de la ética: la crisis que hoy encara la humanidad

La práctica del coaching ontológico nace en el ámbito de la ética y pertenece a este. Su razón de existencia y los objetivos que persigue remiten a la ética. Sin ella, difícilmente podríamos comprender el carácter de esta nueva práctica.

El coaching ontológico nos conduce necesariamente al reconocimiento de que la crisis más profunda que hoy encara la humanidad y, de manera particular, la cultura occidental, que se halla en la base del actual proceso de globalización, es una crisis en el ámbito de la ética[1].

Esta crisis se expresa en tres niveles:

a. Nuestra creciente dificultad para sostener el sentido de la vida. Los seres humanos, a diferencia de otras especies, requerimos encontrarle sentido a la vida como condición de sobrevivencia. Cuando perdemos la esperanza de encontrarle sentido a nuestra existencia, los seres humanos enfrentamos la posibilidad cierta del suicidio. Y hay muchas maneras de suicidarnos. Nuestras crisis de sentido se han vuelto recurrentes, suceden con creciente aceleración y alcanzan progresivamente una mayor profundidad. Son muchas las

---

[1] El planteamiento que se desarrolla a continuación ha sido expuesto en el documental *Rafael Echeverría: ¿Qué es el ser humano? Una mirada desde la ontología del lenguaje*, DVD, Newfield Consulting, Santiago de Chile, 2010.

oportunidades en las que nos encontramos diciéndonos: "Mi vida no tiene sentido".

b. Nuestra creciente dificultad para preservar y desarrollar relaciones personales relevantes. Hoy en día, son cada vez menos los seres humanos que logran evitar crisis profundas en sus relaciones personales más significativas. Ellas no sólo comprometen las relaciones de pareja sino también otras familiares. Muchas veces no logramos conservar nuestros vínculos de amistad o alcanzar relaciones adecuadas en el trabajo.

c. Encaramos también dificultades para consolidar modalidades armoniosas de convivencia dentro de nuestras comunidades. En una sociedad que presiona por lograr niveles crecientes de equidad, observamos cómo se reproduce la desigualdad y la exclusión. En una sociedad que acentúa los valores democráticos, frecuentemente vemos cómo se impone el ejercicio de la violencia, la separación y la discriminación. Necesitamos con urgencia avanzar hacia una nueva ética de convivencia que nos permita rectificar el camino para asegurar la preservación de nuestra especie y del planeta.

2. Sufrimiento e inefectividad

Esta crisis en el ámbito de la ética se traduce, de manera concreta, en dos efectos de envergadura:

a. Los seres humanos estamos generando una gran cantidad de sufrimiento innecesario. No es posible erradicar el padecimiento de la existencia humana. Pero ello no implica que este sea en gran parte evitable. Mucho de ese sufrimiento es resultado de nuestras propias cegueras, incompetencias e ignorancias.

Surge porque no sabemos resolver de manera adecuada muchas de las situaciones difíciles que enfrentamos, las que a menudo terminamos profundizando por ese mismo motivo.

b. Este fenómeno puede expresarse de otra manera. Hemos perdido conciencia del inmenso potencial transformador de que disponemos. Ello se traduce en una pérdida significativa de nuestra efectividad, de nuestra capacidad productiva. Somos mucho menos efectivos de lo que podríamos ser. Disponemos de un potencial transformador insospechado. Los resultados que obtenemos están por debajo de nuestras capacidades. Ello no sólo se expresa a nivel individual sino también en nuestro desenvolvimiento organizacional[2]. Nuestra capacidad de desempeño está, en los hechos, muy por debajo de nuestro potencial.

3. La pregunta por el ser humano

Resolver esta crisis nos obliga a revisar los fundamentos de nuestra concepción sobre el ser humano. Gran parte de nuestras cegueras remite al hecho de que estamos cautivos en una interpretación sobre nosotros mismos que, desde hace varios siglos, está dando muestras de severas limitaciones. Preguntarse por el ser humano implica, siguiendo a Heidegger, levantar la pregunta que él denomina "ontológica". Heidegger acusa a la tradición occidental de haber caído en "el olvido del ser", de haber considerado ya respondida la pregunta sobre el ser humano. Su filosofía es una invitación a replantearnos esta cuestión y buscar respuestas diferentes.

El término "ontología" que introduce Heidegger significa algo muy diferente del sentido que le asignaba la tradición clásica. Para Aristóteles la ontología era "la teoría del ser en

---

2 Véase Rafael Echeverría, *La empresa emergente*, Granica, Buenos Aires, 2000.

cuanto ser". Tratemos de explicar esta diferencia. Para el pensamiento clásico, la reflexión ontológica es, en rigor, una "teo-ontología". Es una reflexión sobre el carácter de la realidad, que se inicia a partir de una reflexión del ser en cuanto tal y, por lo tanto, de un ser que permite su identificación con Dios. Es a partir de esa reflexión sobre el "ser" que luego se procura comprender a todos los seres concretos de este mundo, incluidos los seres humanos.

La Modernidad modifica esta forma de pensar. Para el pensamiento moderno el punto de partida de toda reflexión filosófica es, directa o indirectamente, el ser humano. Es un rasgo que vemos presente en Descartes, luego en Hume, en Kant y, en general, en gran parte de la tradición filosófica moderna. Ello implica que la Modernidad sustituye la antigua "teo-ontología" por una "antropo-ontología". Es a partir de la respuesta que seamos capaces de ofrecer sobre el fenómeno humano que podremos responder a la pregunta por el resto de las cosas, hasta concluir con una reflexión sobre esta pregunta y, por consiguiente, sobre la categoría misma de "ser". La Modernidad invierte el camino anterior.

Esto significa que para la tradición moderna, la comprensión del fenómeno humano se constituye en una suerte de paradigma de todos nuestros demás paradigmas. La pregunta ontológica se convierte, entonces, en la más fundamental que podamos plantearnos. De acuerdo a cómo la respondamos, condicionaremos nuestra mirada al mundo, a los demás, a nosotros mismos, en definitiva, nuestra mirada a la vida. Por lo tanto, no es posible concebir una transformación histórica de mayor envergadura que modificar nuestra respuesta a la pregunta ontológica.

Nuestra propia respuesta a esta pregunta la hemos articulado en el discurso de la ontología del lenguaje. La práctica del coaching ontológico es tributaria y dependiente de la interpretación sobre el ser humano contenida en la ontología del lenguaje.

4. Nietzsche y el retorno a Sócrates

El diagnóstico que hemos esbozado coincide con el que plantea Friedrich Nietzsche. De hecho, el discurso de la ontología del lenguaje se inspira y sigue el camino propuesto por este gran filósofo[3]. Nietzsche fue el primero en reconocer la gran crisis que vive la humanidad en el ámbito de la ética. Él plantea la necesidad de evaluar profundamente nuestros valores y avanzar hacia su transformación. Los valores tradicionales, en su opinión, nos han conducido a un callejón sin salida en el que el sinsentido se ha apropiado de nuestra existencia. Es lo que él denomina el nihilismo. La nada nos acecha. Para resolver esta crisis, señala, es preciso situarnos en el punto de partida de nuestra concepción tradicional sobre el fenómeno humano.

Ello nos obliga a volver a Sócrates, y a examinar lo que hizo[4]. Sócrates fue el primer filósofo occidental que se preocupó por comprender nuestra existencia a fin de ayudarnos a lograr un mejor vivir. Para ello tuvo que hacer una elección. En sus días, dos grandes propuestas filosóficas planteaban miradas diametralmente opuestas frente a la realidad. Por un lado, Parménides sostenía que todo lo que existe remite a la categoría del "ser", siendo este algo dado, fijo, inmutable, eterno y único. Su mirada privilegiaba el criterio de la unidad.

Heráclito, por su parte, sostenía exactamente lo contrario, a saber que todo lo que existe se encuentra en un proceso de permanente devenir, de constante transformación. Para él la realidad se rige por la diversidad, la contradicción, la

---

[3] Un abordaje más completo a la filosofía de Nietzsche se encuentra en Rafael Echeverría, *Mi Nietzsche: La filosofía del devenir y el emprendimiento*, JCSáez Editor, Santiago de Chile, 2010.

[4] Al respecto véase "El nacimiento de la filosofía en Grecia", en Rafael Echeverría, *Raíces de sentido: sobre egipcios, griegos, judíos y cristianos*, JCSáez Editor, Santiago de Chile, 2007.

lucha entre opuestos. La unidad del ser es una ficción. Pero va más lejos. Entiende que el lenguaje, el *logos*, es lo que nos permite conferirle sentido, orden y articulación a la realidad.

Frente a la disyuntiva planteada por estos dos filósofos, Sócrates opta por el camino de Parménides. Al hacerlo, funda lo que llamaremos "el programa metafísico" que pronto se fusionará con el cristianismo y devendrá hegemónico en el mundo occidental. Los principales exponentes del programa metafísico son Platón y Aristóteles. Desde el punto de vista de la teología cristiana, San Agustín importa el platonismo al interior del cristianismo, mientras que Santo Tomás, el teólogo más destacado de la cristiandad, funda una teología cristiana oficial inspirada en Aristóteles.

Según Nietzsche, es preciso volver a colocarse en el lugar en el que originalmente se situó Sócrates y, en vez de escoger el camino de Parménides, como lo hiciera este, seguir la senda opuesta: aquella planteada por Heráclito. Ello implica asumir la transformación como perspectiva central de nuestra mirada al mundo y a la existencia. Cuando los seres humanos conciben la realidad desde la perspectiva de la transformación, se reconocen a sí mismos no sólo afectados pasivamente por ella, sino como participantes en definir la dirección que esta pueda asumir. Los seres humanos jugamos por lo tanto un doble rol. Por un lado, somos objetos de los procesos de transformación natural en curso, pero a la vez somos también fuerza transformadora. Esto último, nos permite elevarnos por sobre el resto de los animales.

Aquello que nos permite asumir este segundo rol es nuestra capacidad de acción. Es la acción humana la que nos habilita para participar en los procesos de transformación. Lo que Nietzsche nos plantea, en síntesis, es la posibilidad de repensar el fenómeno humano desde el eje de la transformación y la acción.

Otro aspecto relevante de la filosofía de Nietzsche, que nos lleva más allá del eje de la transformación y la acción, es la prioridad que le confiere a la diversidad por sobre la unidad. Según Nietzsche, el ser humano no es reducible a una unidad, como lo sugería la noción de ser de Parménides, sino a una multiplicidad estructurada, integrada por oposiciones, en permanente contienda entre ellas y que conforman zonas luminosas y sombrías. Parte importante del desafío existencial de todo ser humano consiste en aceptar y explorar sus propias sombras. Negarlas puede tener efectos devastadores.

5. Las premisas básicas del programa metafísico

Es preciso examinar las premisas básicas que forman el núcleo del programa metafísico. Son esencialmente cinco:

a. Siguiendo a Parménides, el programa metafísico sostiene que todo lo que existe remite al "ser". El ser, como vimos, es fijo, inmutable. El cambio no es sino una ilusión de nuestros sentidos, o bien, como señala Aristóteles, es tan sólo el tránsito de estados potenciales preexistentes a estados de actualidad. La emergencia de lo nuevo queda así clausurada. Sólo acontece aquello que ya estaba. El ser antecede a la existencia.

b. La categoría del ser no pertenece al mundo de la experiencia humana o de la naturaleza, sino que habita en un mundo que se halla más allá de aquel que percibimos con los sentidos. *Meta* significa, en castellano, más allá y *physis*, naturaleza. Por lo tanto, el ser no es directamente perceptible a través de los sentidos.

c. El programa metafísico nos propone un concepto particular de verdad. La verdad implica acceder y aprehender el ser de las cosas. El programa metafísico erige su concepto de verdad en el criterio fundamental y en la pauta ética suprema de la existencia humana. La ética que nos propone es una ética de la verdad. Para la metafísica lo verdadero coincide con lo bello y con lo bueno. Una vida bien vivida, una vida de sentido es, por ende, una vida en la búsqueda de la verdad y, una vez encontrada, al servicio de ella.

d. El camino real para acceder a esa verdad, que se halla fuera de "este" mundo, es la razón. Es a través de la razón que los seres humanos logran acceder a la verdad y, a partir de ella, orientar adecuadamente sus vidas. Una vez alcanzadas determinadas verdades, nos es posible, haciendo uso adicional de la razón, acceder a otras. La verdad conduce a la verdad. La verdad es el camino de la verdad. La razón es proclamada como el atributo humano por excelencia. Los seres humanos somos seres racionales. Todo lo demás en nosotros, como el cuerpo y el mundo de las emociones, son residuos de nuestra animalidad y no atributos de nuestra humanidad.

e. De esto último se deduce una discontinuidad radical entre los animales y los seres humanos. Si bien los seres humanos pertenecemos al mundo natural, a la vez nos diferenciamos de él y podemos participar en aquel mundo trascendente y espiritual en el que habita el ser. Los seres humanos logramos participar tanto de este mundo como del mundo del más allá. El ser que somos –nuestra alma– trasciende el mundo de la experiencia.

6. Rasgos básicos de la Modernidad

Con la emergencia de la Modernidad el programa metafísico comienza a verse crecientemente cuestionado. Ello se observa claramente si se sigue con atención el desarrollo del conocimiento, sea filosófico o científico[5]. Este fenómeno sucede de diversas maneras. Una de ellas, ya mencionada, consiste en revertir el orden en el proceso de conocimiento propuesto por la metafísica. Ésta partía de lo abstracto, para llegar al mundo concreto de la experiencia. La Modernidad percibe la necesidad de arrancar de lo humano y no del mundo trascendente o de un conocimiento revelado por la divinidad. La Modernidad es antropocéntrica.

Pero hay más. La Modernidad plantea un camino de conocimiento y de acceso a la verdad que no requiere partir de verdades sino, por lo contrario, permite arrancar de la duda, del cuestionamiento, de la crítica. A la verdad no sólo se llega deductivamente, siguiendo el camino de la razón que nos permite pasar de una verdad a otra. La Modernidad inaugura y privilegia el camino de la duda. Frente a un pensamiento clásico dogmático, la Modernidad es escéptica. La Modernidad desarrolla una racionalidad crítica.

Con todo, aunque la Modernidad arrincona a la metafísica en la esfera del conocimiento, sucede algo interesante: esta sigue ejerciendo una incuestionable hegemonía con respecto al sentido común de los seres humanos. Seguimos operando desde un sentido común que continúa siendo profundamente metafísico.

7. Crítica de la Modernidad al programa metafísico

Es preciso identificar algunos hitos en la historia del conocimiento occidental durante la primera etapa de la Modernidad. Desde el inicio mismo del pensamiento moderno, vemos cómo aparecen aquellos dos rasgos antes señalados. Ya en Descartes, el primer filósofo moderno, percibimos tanto la

---

[5] Véase Rafael Echeverría, *El búho de Minerva: Introducción a la filosofía moderna*, JCSáez Editor, Santiago de Chile, 1990.

necesidad de iniciar la reflexión filosófica desde el hombre, el sujeto pensante ("pienso, luego existo"), como la propuesta de un método de reflexión filosófica fundado en la duda. Más adelante, el empirismo anglosajón insistirá en fundar todo conocimiento en la experiencia, como se advierte desde Francis Bacon hasta David Hume. Estos dos rasgos convergen en la filosofía crítica de Kant, quizás el exponente más destacado de la filosofía moderna.

Sin embargo, mientras esa senda se despliega, una línea diferente golpea más directamente contra las premisas básicas del programa metafísico. Mencionemos tan sólo a algunos de sus exponentes. El primero en situarse en la línea de ruptura con la metafísica clásica fue Spinoza, quien rechaza la existencia de dos mundos (el de acá y el más allá) y sostiene que el mundo natural es el único existente. Posteriormente, Feuerbach afirma que es preciso cuestionar todas las abstracciones metafísicas, que no han hecho más que invertir la realidad, y volver a situar el fundamento de todo lo existente en la naturaleza y en el hombre. Desde un territorio muy diferente, Darwin plantea una línea de continuidad entre el mundo animal y los seres humanos. Según Darwin, los seres humanos somos un tipo particular de animal generado por el desarrollo evolutivo. Luego llegamos a Nietzsche, quien, de manera explícita, se aboca a una tarea de destrucción filosófica de cada una de las premisas del programa metafísico.

8. El relativo estancamiento posterior a Nietzsche

Sin embargo, luego de Nietzsche, se produce un extraño estancamiento relativo en el desarrollo de una nueva concepción del fenómeno humano. Las bases que él mismo nos ofreciera parecieron no ser suficientes para iniciar de inmediato el camino al que su filosofía nos convoca. Es más, su propia obra pasa por un período en el cual es profundamente distorsionada e incomprendida. No es menos cierto que se producen algunos avances interesantes, como por ejemplo el desarrollo de la filosofía existencial, que se caracteriza por invertir la prioridad entre ser y existencia humana, postulada por la filosofía clásica, en la que destaca la figura de Heidegger.

Pero aunque Heidegger da algunos pasos importantes, en muchos aspectos retorna a posiciones propias de la tradición metafísica con la que Nietzsche procuraba romper. La filosofía de Heidegger es ambigua en relación con el programa metafísico y en aspectos cruciales implica un retroceso frente a la propuesta de Nietzsche. Es más, aunque Heidegger estudia a Nietzsche en profundidad y produce una extensa obra sobre su filosofía, podría decirse que no logra comprenderla cabalmente y que se siente permanentemente cuestionado por Nietzsche en cuanto a sus propios planteamientos. Más que estimularlo, Nietzsche lo exaspera y desquicia.

9. Cuatro grandes desarrollos

Cuatro grandes desarrollos van a converger para modificar este escenario de estancamiento relativo. Ellos son la filosofía antropológica de Martin Buber, la emergencia de la filosofía del lenguaje, algunos desarrollos que tienen lugar desde la biología y, por último, la reflexión en la que nosotros mismos hemos estado involucrados sobre los condicionantes de la acción humana. Examinaremos cada uno de estos desarrollos por separado.

10. La filosofía antropológica de Martin Buber

En la primera mitad del siglo XX, influida por los desarrollos de la filosofía existencial, destaca la propuesta de una antropología filosófica realizada por Martin Buber. Éste busca de manera explícita reiniciar una reflexión filosófica sobre el fenómeno humano, a partir de nuevas bases. Para Buber, los seres humanos somos seres dialógicos, que nos constituimos en el tipo de ser que somos a partir de los diversos diálogos que establecemos. Somos seres conversacionales. Según este pensador, las conversaciones que nos constituyen se articulan en torno a tres ejes: las conversaciones que mantenemos con los demás, las que sostenemos con nosotros mismos y las que todo ser humano desarrolla con el misterio de la vida, con aquello que muchos de nosotros llamamos "Dios".

Esas conversaciones definen el tipo de ser de cada uno. Si deseamos penetrar en el espacio siempre misterioso del alma humana, en esa particular forma de ser de cada uno, nada puede conducirnos más lejos que la indagación en estos tres ejes conversacionales. Allí encontraremos los fundamentos de nuestras alegrías y tristezas, así como las razones de nuestros aciertos y errores, de nuestros éxitos y fracasos.

11. La emergencia de la filosofía del lenguaje

Durante la segunda mitad del siglo XX emerge una nueva disciplina: la filosofía del lenguaje. Hasta entonces, el lenguaje no había despertado un interés especial en los filósofos. Ello no niega algunos abordajes parciales en la historia de la filosofía, ni tampoco el hecho de que la lógica, y posteriormente las matemáticas, habían sido motivo de reflexión filosófica. Pero el lenguaje en general, particularmente el ordinario, no había sido una temática de reflexión filosófica relevante desde los tiempos de Sócrates y de los sofistas. La tradición filosófica había convertido, en cambio, los temas del conocimiento y de la conciencia en predilectos. La epistemología era la disciplina estrella en la filosofía.

Ello cambia en la segunda mitad del siglo XX con el nacimiento de la filosofía del lenguaje. Una de las contribuciones más destacadas de esta nueva disciplina filosófica fue la de John L. Austin, quien cuestiona la interpretación tradicional predominante sobre el lenguaje. He llamado a esta última una interpretación "contable" del lenguaje, pues sostenía que el lenguaje se limitaba a "dar cuenta" de lo existente. Se suponía que el lenguaje era un medio o instrumento que nos permitía registrar, expresar, transmitir o comunicar lo que percibíamos, sentíamos o pensábamos. Ello le asignaba un papel fundamentalmente descriptivo y pasivo.

Austin no niega que el lenguaje realice esas funciones, pero insiste en que no son las únicas. Además de ayudarnos a describir la realidad y constatar lo que ya existe, señala, el lenguaje es acción y, como tal, hace que ciertas cosas pasen, las que no sucederían si el lenguaje no hubiera intervenido. Austin sustituye la antigua interpretación contable del lenguaje por una concepción generativa. El lenguaje es capaz de generar nuevas realidades. A través de él constituimos nuestras identidades, construimos relaciones, establecemos compromisos, generamos nuevas posibilidades, alteramos el futuro y transformamos el mundo.

La contribución de la filosofía del lenguaje no sólo modifica radicalmente nuestra concepción del lenguaje, hecho de por sí de extrema importancia. Al concebir el lenguaje como acción, amplía también nuestro concepto de acción, permitiendo incluir en él las diversas acciones de lenguaje que realizamos los seres humanos. Nietzsche nos había planteado la posibilidad de repensar el fenómeno humano desde el eje de la transformación y la acción. Sin embargo, desde un concepto restrictivo de acción como el que entonces disponíamos, tal tarea resultaba, por decir lo menos, muy difícil de acometer. Al disponer ahora de un concepto ampliado de acción, que da cabida a nuestras acciones de lenguaje y a nuestras diversas prácticas conversacionales, esa situación se altera radicalmente. Con ello se acrecienta la posibilidad de conectar el fenómeno humano con nuestra capacidad de acción.

12. El avance de las ciencias biológicas

Dos importantes contribuciones emergerán a partir de los avances que, durante las últimas décadas, se registran en las ciencias biológicas. El primero de ellos consiste en el reconocimiento reiterado que lleva a cabo la biología de que el rasgo distintivo del fenómeno humano es el lenguaje. Es gracias a él que desarrollamos un tipo de existencia que nos distingue –sin separarnos– del resto de las especies. Científicos de la estatura de Ernst Mayr, uno de los biólogos teóricos más destacados del siglo XX[6], subrayan que el lenguaje es la clave de nuestra diferenciación. A partir de este reconocimiento, uno de los problemas que han procurado esclarecer es el de las bases biológicas de nuestra capacidad de lenguaje.

Después de que la genética se constituyera como la rama más destacada de la biología durante la segunda mitad del siglo XX, a partir de las últimas décadas de ese siglo y ya entrados en el siglo XXI, este lugar pasa a ser ocupado progresivamente por las neurociencias. Una de sus líneas de investigación se realiza en torno a las localizaciones cerebrales asociadas con el lenguaje[7].

---

[6] Véase Ernst Mayr, "The Growth of Biological Thought: Diversity, Evolution and Inheritance", *The Belknap Press of Harvard University Press*, Cambridge, Mass., 1982.

[7] A ese respecto véase, por ejemplo, Eric R. Kandel, *In Search of Memory: The Emergence of a New Science of Mind*, W.W. Norton & Co., Nueva York, 2006, y V.S. Ramachandran, *The Tell-Tale Brain: A Neuroscientist's Quest for What Makes Us Human*, W.W. Norton & Co., Nueva York, 2011.

En este campo se han producido algunos descubrimientos que nos conducen más allá del lenguaje y que de hecho contribuyen al cuestionamiento de las premisas del programa metafísico. Me refiero al reconocimiento de la inmensa plasticidad de nuestro sistema nervioso. Cuando se habla de plasticidad se alude fundamentalmente a dos propiedades. La primera es el descubrimiento de que cada experiencia modifica nuestros circuitos neuronales y, por lo tanto, altera nuestro sistema nervioso. La segunda apunta al hecho de que tales modificaciones muchas veces conllevan la capacidad de reorganización del cerebro, permitiendo que determinadas zonas asuman funciones que antes eran manejadas por otras.

La noción de plasticidad neuronal demuestra que, desde un punto vista estrictamente biológico, no somos inmutables, como lo planteara la metafísica. Cada experiencia nos transforma. El principio de la inmutabilidad del ser no se expresa, por lo tanto, a nivel biológico. Como la biología lo reitera con frecuencia, nuestras posibilidades tanto de hacer como de ser se sustentan en las condiciones biológicas que nos caracterizan. Sólo podemos ser y hacer lo que nuestra biología nos permite.

13. La reflexión sobre los condicionantes de la acción humana

El cuarto y último desarrollo que consideramos relevante en la generación de condiciones que habilitarían retomar la senda sugerida por Nietzsche es una reflexión en la que yo mismo he estado involucrado sobre los condicionantes de la acción humana. Recordemos que el camino señalado por Nietzsche apuntaba a repensar el fenómeno humano, colocando en el centro el eje de la transformación y de la acción. Si la acción va a jugar un rol preponderante, resulta esencial poder identificar cuáles son los factores que nos conducen a actuar de una u otra forma.

Personalmente, he enmarcado esta reflexión en lo que he bautizado como el modelo OSAR. Para dar cuenta de ella es necesario presentar brevemente este modelo[8]. Como podrá apreciarse, tiene una clara influencia del pragmatismo filosófico norteamericano. El modelo OSAR nos plantea que el criterio determinante para evaluar la vida y, en general, lo que hacemos son los resultados. Si estos nos satisfacen, ello nos inclinará a seguir actuando como lo hemos hecho hasta ahora. Si los resultados son inefectivos o no del todo satisfactorios, buscaremos la forma de corregirlos. Pues bien, todo resultado remite a las acciones (sean estas ejecutadas por otros o por nosotros). De manera que si queremos cambiar tales resultados, estamos obligados a modificar las acciones que los producen.

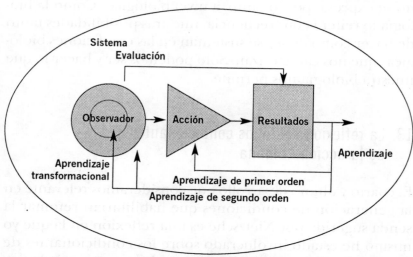

Figura 1. El modelo OSAR

---

[8] El modelo OSAR es expuesto extensamente en: Rafael Echeverría, *El observador y su mundo*, dos volúmenes, JCSáez Editor, Santiago de Chile, 2008.

En este punto el modelo se pregunta por los factores que nos llevan a actuar como lo hacemos, pues para modificar nuestras acciones es necesario alterar aquello que nos condujo a actuar como lo hemos hecho. La pregunta que en consecuencia nos hacemos es: ¿qué ha condicionado nuestro actuar? La primera respuesta apunta a lo que llamamos "los condicionantes visibles de la acción humana". Ellos agrupan aquellos factores que, por lo general, estamos en condiciones de identificar con relativa facilidad. Podemos apuntar, por ejemplo, a determinadas predisposiciones biológicas, a las competencias que hemos adquirido, al uso de ciertas herramientas, instrumentos o tecnologías, a los factores emocionales que han incidido en nuestro actuar, a la "forma particular" como hacemos lo que hacemos, entre otros.

Hasta ahora no debiéramos tener problemas para avanzar en nuestra argumentación. Lo que sigue resulta clave de entender. Todos hemos tenido la experiencia de que hay resultados que deseamos encarecidamente y que, sin embargo, nos resultan esquivos. Aunque intervenimos en los condicionantes visibles de nuestro actuar no logramos que se produzcan.

Tomemos el ejemplo de un padre que quisiera tener una relación muy diferente con su hijo y que, a pesar de intentarlo por diversos medios, no lo logra. O los intentos muchas veces añorados por modificar el carácter de una determinada relación de pareja. Esta experiencia de no saber cómo hacerlo, que a todos nos es habitual, nos muestra el carácter discontinuo y no lineal de la acción humana y del aprendizaje. A primera vista, parecería que nuestra capacidad de acción y de aprendizaje fuera acotada. Tenemos la impresión de toparnos con una pared que nos impide atravesar y que compromete nuestros esfuerzos de transformación.

Detengámonos por un momento en esa situación y exploremos qué nos pasa cuando eso nos sucede. Hagamos una breve fenomenología de esa experiencia. ¿Qué sentimos? ¿Qué nos decimos? Sentimos evidentemente una inmensa frustración, una gran impotencia. Pero ¿qué nos decimos? Lo primero quizás sea que eso a que aspiramos "no es posible". Sin embargo, muchas veces nos basta mirar a un costado para constatar que aquello a lo que aspiro, esa relación con mi hijo que añoro, esa relación de pareja con la que sueño, otros la logran. Eso me demuestra que es posible. Soy yo quien, al parecer, no puede.

¿Qué me digo a continuación? Esta respuesta es muy reveladora. Posiblemente que "debido a como soy, no puedo", o "dado como él (o ella) es, no es posible". Y aunque tengo la sensación de que esa voz viene de mí, en rigor no es sino un eco de una voz muy antigua: la de Parménides, la del "programa metafísico". Invoco la noción del "ser" para explicar una imposibilidad y dar cuenta de mi impotencia. Dado como soy y dado que el "ser" es fijo, inmutable, eso simplemente no es posible para mí o para él (o ella). La invocación de la metafísica me conduce a una profunda resignación y a la aceptación de mi aparente impotencia. A partir de ello, renuncio a la posibilidad de la transformación y limito mi capacidad para generar cambios.

¿Qué nos muestra esta situación? Que independientemente de que en el ámbito del debate filosófico la metafísica se encuentre hoy en día confinada, sigue prevaleciendo en nuestro sentido común. Somos metafísicos sin saberlo, o sin conocer siquiera lo que significa el vocablo "metafísica".

La situación descrita es clave, pues es precisamente bajo esas condiciones que emerge la posibilidad del coaching. Es cuando alguien se encuentra inmerso en una situación como la que hemos descrito, en que enfrenta la dificultad de no poder resolver por sí mismo un problema que lo afecta y que compromete de una u otra forma su sentido de la vida, que pide coaching. La petición de coaching puede ser, por lo tanto, reconstruida en los siguientes términos: "Tengo un problema que me afecta. No sé cómo resolverlo. Dado que tú tienes distinciones y competencias que yo no tengo, te pido que me ayudes a ver lo que no veo y a hacer lo que hoy no puedo". Éste es el resultado que se espera y se le pide a un coach. Y muy particularmente a un coach ontológico.

Existen muchas modalidades de coaching. En términos generales, la práctica del coaching implica el despliegue de técnicas de resolución de problemas. Y las hay de muy distinto tipo. La gran mayoría involucra lo que llamamos "aprendizajes de primer orden", que se caracterizan por concentrarse de manera exclusiva en procurar la modificación directa de las acciones. En buscar que la llave dé con la cerradura. Uno de los rasgos del coaching ontológico (tan sólo uno) implica algo diferente, como es reconocer que quizás haya que cambiar la llave, pues la que tenemos no sirve para esa cerradura. Más allá de la metáfora, ¿cómo se hace eso?

Volvamos a la situación en la que nos encontrábamos. La experiencia de que no vemos cómo resolver un problema que nos afecta. La pregunta que resulta pertinente hacerse es: ¿hemos explorado realmente todas las posibilidades que nos permitirían avanzar hacia la resolución? Postulamos que los "condicionantes visibles" de la acción humana no agotan los factores que inciden en la forma como actuamos. Sostenemos que más allá de ellos hay otros condicionantes que normalmente no percibimos, que ejercen un rol determinante en nuestro actuar y, que de ser capaces, primero, de reconocerlos y, luego, de intervenir en ellos, abrimos para nosotros posibilidades de acción insospechadas.

Al hacer esto, nos conectamos con un potencial transformador que en un comienzo éramos incapaces de identificar. Denominamos estos factores "los condicionantes ocultos de la acción humana". Trabajar con ellos es uno de los rasgos más destacados (no el único) del coaching ontológico. ¿Cuáles son estos "condicionantes ocultos"? Fundamentalmente dos: el observador y el sistema.

El observador apunta a cómo le damos un sentido a la situación que enfrentamos, cómo interpretamos lo que sucede. En otras palabras, la manera como formulamos el problema. Las posibilidades de acción que percibimos dependen del tipo de observador que somos. Al cambiar nuestro modo de observar, emergen nuevas formas de acción. Todos somos observadores diferentes y, por lo tanto, traemos horizontes de posibilidades distintos para encarar una misma situación. Pero podemos cambiar el observador que somos y, con ello, devenir un observador más poderoso, capaz de percibir posibilidades de acción que antes no veíamos y que otros no logran vislumbrar y, de esa manera, generar acciones y resultados que previamente nos parecían imposibles.

Pero tanto el observador que somos como nuestros repertorios de acción y los resultados que buscamos con nuestro actuar están condicionados a su vez por los distintos sistemas sociales en los que hemos participado. Somos seres sociales, no sólo por cuanto lo social representa una dimensión de nuestras vidas, sino en el sentido más profundo de que la persona que hemos llegado a ser es el resultado del conjunto de interacciones sociales que hemos tenido en nuestras vidas y de los efectos que los diferentes sistemas sociales en los que hemos participado han dejado en nosotros. Nuestro "yo" es un producto social.

Y así, como somos seres sociales, condicionados por sistemas sociales, hay resultados que, para que se produzcan y para que luego logren estabilizarse, requieren de la transformación de los sistemas sociales en los cuales operan. De lo contrario, no se producirán o serán inevitablemente efímeros. Los seres humanos no sólo estamos condicionados por los sistemas sociales; también tenemos la capacidad de transformarlos y así habilitar otras transformaciones que, sin estos cambios previos, no serían posibles. Consideramos líde-

res a quienes asumen la tarea de transformar los sistemas sociales.

El ontológico es una clase de coaching siempre abierta a la posibilidad de impulsar cambios tanto en el tipo de observador que somos como en los sistemas de relaciones de los que formamos parte. Este coaching mantiene abierta la opción de producir no sólo aprendizajes de "primer orden", sino también de "segundo orden", por cuanto transforman el observador que somos y los sistemas de relaciones a los que pertenecemos. Cuando esos cambios son suficientemente profundos, transforman el ser que previamente éramos.

Un líder no sólo transforma el sistema social al que pertenece; al hacerlo modifica también el ser de muchos o incluso del conjunto de los individuos que conforman ese sistema social. Éste es uno de los rasgos más sobresalientes del fenómeno del liderazgo y no siempre es adecuadamente reconocido. Al leer estas palabras nos imaginamos a Parménides revolcándose en su tumba, mientras que Heráclito posiblemente se ríe complacido.

14. La ética asociada a la noción del observador

Las nociones de observador y de sistema conllevan consecuencias significativas en el ámbito de la ética. Una de ellas es que cuestiona la idea de verdad que nos propusiera la metafísica y que constituyera el pilar de su propia ética. Ello no implica necesariamente el rechazo de todo concepto de verdad. Es posible, por ejemplo, la adopción de otros conceptos de verdad como el que hoy prevalece en el campo de las ciencias, donde la verdad apunta a los criterios definidos por una comunidad de pares reconocidos a partir de ciertos niveles de competencias y ajustados a procedimientos y normas establecidos por esa misma comunidad. Pero la idea metafísica de que la verdad es aquello que da cuenta del "ser" de las cosas no tiene cabida desde la noción del observador. Desde esta noción, no sabemos cómo son las cosas. Sólo sabemos cómo las observamos o cómo las interpretamos. Sólo disponemos de interpretaciones en nuestra capacidad de conferirle sentido a las cosas, interpretaciones que descansan en interpretaciones, en una espiral recursiva sin fin.

¿Implica esto que todas las interpretaciones son iguales? ¿Que no existe la posibilidad de discriminar entre interpretaciones diferentes? De ninguna manera. Pero el criterio de discriminación cambia. Éste ya no es la verdad sino el poder siempre relativo que una determinada interpretación me otorga y los resultados que eventualmente me habilita. En definitiva, el resultado final que aparece comprometido es el sentido de vida, individual y colectivo, que una determinada interpretación es capaz de conferirnos. El criterio de discriminación, por lo tanto, nos conduce al corazón mismo del ámbito de la ética: el sentido del vivir.

Pero hay más desde un punto de vista estrictamente ético. En la medida en que ya no podemos proclamar la verdad de nuestras interpretaciones, no disponemos de la coartada que la noción metafísica de verdad nos ofrecía para imponerle a otro lo que pensamos. El concepto metafísico de verdad terminaba justificando la exclusión y la violencia hacia quienes disponían de interpretaciones diferentes. Quienes no participaban de lo que invocamos como verdadero se convertían en personas cautivas de la falsedad, en herejes y se hacían merecedores del trato que históricamente se les ha conferido a los herejes. Al aceptar que sólo disponemos de interpretaciones y que nadie es poseedor de la verdad metafísica, ello nos obliga a tratar de manera diferente al disidente. Ya no podemos excluirlo, discriminarlo o eliminarlo. La noción de observador nos obliga a asumir la responsabilidad, personal y colectiva, sobre el tipo de trato que le conferimos a los demás y nos ayuda a instituir el respeto por lo que hace y lo que piensa.

Más aún, la noción de observador nos conduce a reconocer que todos somos observadores limitados. Que todo observador logra iluminar parte de su realidad a la vez que, inevitablemente, oscurece otras. Que todo observador tiene fortalezas y debilidades. Pero así como yo poseo debilidades, otro observador puede tener fortalezas que yo no tengo y, por lo tanto, al constatar nuestras diferencias en nuestras observaciones, ese otro diferente de mí quizás encierra una posibilidad de aprendizaje para mí, que me conduzca a ver aspectos que no veo y a actuar de una manera que hoy no puedo. Ello nos permite avanzar hacia una nueva ética de la convivencia.

Pero no sólo somos observadores diferentes, también podemos transformar el observador que somos para hacerlo más poderoso. Podemos aprender de otros observadores, así como estos pueden aprender de uno. La noción de observador nos permite elevarnos por sobre la resignación a la que nos empuja la metafísica, al cancelar la posibilidad de transformar el ser que hemos sido hasta ahora.

15. La ética asociada a la noción de sistema

La noción de sistema tiene también consecuencias en el ámbito de la ética, las cualews apuntan, por lo menos, en dos direcciones. Por un lado, nos muestran que somos menos nosotros mismos de lo que usualmente creemos y más el resultado de sistemas sociales que nos constituyen. Pero, por otro, nos abren los ojos al reconocimiento de que nuestras acciones afectan esos mismos sistemas que nos han constituido.

El primer punto nos ayuda en un proceso de despsicologización sobre cuya importancia Nietzsche nos habla en numerosas oportunidades. Los individuos tienden a magnificar el papel que se asignan a sí mismos y generan con ello culpas exageradas y autorrecriminaciones. En otras palabras, sufrimientos desmedidos. Esto produce en nuestras vidas un marcado "espíritu de gravedad", pesadez, opacidad. Nietzsche cuestiona muy severamente ese "espíritu de gravedad" y propone sustituirlo por su opuesto, el "espíritu de la liviandad". La noción de sistema refuerza esta disposición a una mayor levedad. Nos muestra que somos menos "yo" y más "sistema" de lo que normalmente asumimos. Menos sujeto autónomo y más producto y predicado de lo que frecuentemente pensamos. Ello nos permite tomarnos con mayor inocencia y menos culpa, con mayor aceptación frente a lo que nos pasa y, por tanto, con menos sufrimiento.

Todo ello habilita una de las disposiciones fuertemente recomendadas por Nietzsche y que este denomina *amor fati* o amor al destino. El mundo, nos señala el filósofo, acontece y se desarrolla desde la inocencia, tal como lo vivimos en un primer momento, antes de comer del árbol del bien y del mal, en el Paraíso. Es preciso volver a aprender el "espíritu de la liviandad". Una de las contribuciones que realiza el coaching ontológico es precisamente eso: disolver la gravedad y la autorrecriminación en las que frecuentemente caemos y devolvernos parte de esa inocencia perdida.

La segunda dirección que se deduce de la noción de sistema apunta en un sentido contrario. Mientras la primera disminuía nuestra responsabilidad personal, esta la incrementa, aunque en un plano diferente. Nos muestra que nuestras acciones tienen efectos en el sistema social, en el entorno que habitamos, efectos que muchas veces no alcanzamos a vislumbrar cabalmente. Mientras que la primera relación nos ayuda a despsicologizarnos, la segunda desarrolla en nosotros una mayor conciencia y sentido de responsabilidad frente a nuestros entornos sociales y naturales y, por consiguiente, genera una mayor conciencia ecológica. Nos advierte sobre los efectos que, tanto desde un punto de vista temporal como espacial (en la estructura de nuestro entorno), generan nuestros comportamientos. En este sentido, la noción de sistema es afín con una ética ecológica. Ello representa también un aspecto que solemos observar en la práctica del coaching ontológico. Incrementamos nuestro sentido de responsabilidad frente a nuestras acciones.

16. Un nuevo escenario para una concepción del ser humano situada en la perspectiva de la transformación: los desafíos del aprender y del emprender

Estos cuatro desarrollos –la filosofía antropológica de Buber, los avances producidos desde la biología, la emergencia de la filosofía del lenguaje y la reflexión que hemos presentado sobre los condicionantes de la acción humana– crean nuevas condiciones para retomar el camino originalmente sugerido por Nietzsche y avanzar hacia una nueva interpretación del fenómeno humano sustentada en el eje de la transformación y la acción[9]. Generan un nuevo escenario que, a pesar de su excepcional lucidez, Nietzsche mismo no dispuso. Lo que sorprende, sin embargo, es el hecho de que a pesar de no haber contado con las condiciones que contamos ahora, el filósofo alemán lograra intuiciones geniales. Nietzsche insistía en que era un filósofo póstumo, que sería comprendido con posterioridad. Hoy constatamos de qué forma anticipó el debate filosófico posterior.

Estos desarrollos permiten desencadenar un impulso transformador sin precedentes en los seres humanos o, en

_____

[9] Una primera articulación de mi propuesta a este respecto se encuentra en Rafael Echeverría, _Ontología del lenguaje,_ JCSáez Editor, Santiago de Chile, 1994.

las propias palabras de Nietzsche, una *voluntad de poder* que no puede sino sorprender. El coaching ontológico es una práctica particular que tiene como uno de sus principales objetivos expandir el poder de los individuos para que les sea posible incidir tanto en sus vidas, en sus maneras de ser, como en sus respectivos entornos. A partir de lo anterior logramos por fin entender aquella noción, central en la filosofía de Nietzsche, y tan profundamente malentendida en el pasado, del *Übermensch*, usualmente mal traducida como "superhombre". El *Übermensch* es para Nietzsche el ser humano que comprende que su principal desafío en la vida es su propia superación, la transformación de sí mismo hasta convertirse en el tipo de ser que cada cual aspira a ser. El coaching ontológico es una práctica al servicio de ese propósito.

Muchas veces hemos señalado que el ideal superior para un ser humano no es descubrirse o conocerse a sí mismo, por muy loable que ello sea. El ideal más alto que nos es posible alcanzar es inventarnos a nosotros mismos, diseñar el tipo de ser que aspiramos ser. Los seres humanos, sostenemos, participamos con los dioses en el acto sagrado de nuestra creación y de la creación del mundo. Ello nos conduce a una ética de existencia radicalmente diferente de aquella a la que por siglos hemos estado acostumbrados.

De lo anterior podemos señalar que los seres humanos tenemos dos grandes desafíos y que la forma como respondamos a ellos representará en el futuro una de las fuentes principales de nuestra capacidad de conferirle sentido a nuestras vidas y, por ende, de responder a la crisis de sentido que hoy enfrentamos. En primer lugar, está el desafío de transformarnos a nosotros mismos. Es el desafío del *aprender*. En segundo lugar, está el desafío de transformar el mundo que habitamos, de hacer una diferencia con nuestra existencia, con nuestra capacidad de acción, de dejar una huella, de producir obras capaces de trascendernos una vez que nos hayamos ido. Es el desafío del *emprender*. Ambos desafíos se complementan entre sí, el aprender nos dispone a acometer nuevas transformaciones en el mundo y estas últimas, a la vez que cambian el mundo, nos modifican también a nosotros mismos.

El sentido de la vida, núcleo de la crisis ética que hoy enfrenta la humanidad, ya no es algo que debemos dejar sólo a la gracia de Dios o algo que debemos encontrar fuera de nosotros mismos. En el pasado, lo obteníamos en gran medida de aquellas grandes narrativas que alimentaban el sentido de la vida a nuestros abuelos. Esas narrativas han dejado de proveernos el sentido que generaban en el pasado. Hoy, el sentido de la vida es algo que debemos tomar en nuestras propias manos, algo cuya responsabilidad no podemos delegar. El sentido de la vida es algo que nos compete y compromete a todos y cada uno, y que sólo cada uno puede asumir para proveérselo en su vida. Hemos entrado en un escenario ético que no existía en el pasado. La práctica del coaching ontológico se presenta como un oficio destinado a entregar una ayuda para que muchos que parecieran perderse en el camino puedan lograrlo.

17. Hacia la búsqueda de nuevos caminos de espiritualidad

¿Son los desafíos del aprender y del emprender suficientes para responder a los requerimientos de generarnos el sentido de vida que necesitamos y buscamos? Obviamente contribuyen a ello, pero dudamos que puedan ser suficientes. Estos desafíos se hacen cargo de los dos primeros ejes de los que nos hablara Buber: el que guardaba relación con los demás y el referido a nosotros mismos. ¿Pero son estos dos ejes suficientes? ¿Qué sucede con el tercer eje apuntado por Buber, aquel relacionado con el misterio de la vida? ¿Podemos acaso prescindir de él?

Mi respuesta tiende a ser negativa. Tengo la impresión —estoy muy lejos de una convicción— de que pudiera faltarnos algo esencial. Los seres humanos somos seres trascendentes y lo somos en varios sentidos. Primero, por cuanto podemos pensar en maneras de ser distintas de las que hemos alcanzado y en mundos diferentes y mejores de los que nos corresponde vivir. Pero también porque nos sentimos atraídos por el misterio de la vida y buscamos indagar en él. Tenemos una innata vocación a la espiritualidad.

Dadas las principales ofertas religiosas y espirituales hoy disponibles, no siempre es fácil encontrar un cauce adecuado para desarrollar esta vocación. Ante esta situación muchos optan por distanciarse del mundo espiritual y encerrarse en un radical escepticismo. Mi impresión es que esa respuesta es un síntoma más del problema de una espiritualidad en decadencia, que ha perdido vitalidad, que una solución efectiva. El ateísmo es parte del problema, y no una solución adecuada. Uno de los mayores desafíos que hoy enfrentamos consiste en inventar caminos de espiritualidad renovada, de acuerdo con nuestros tiempos.

Si me permito especular sobre los rasgos de esta nueva espiritualidad, diría que debiera responder más a las exigencias de un mundo presente y por venir que a las tradiciones de un pasado que ya no interpretan sino a un número cada vez más reducido de personas. Se requerirá posiblemente un tipo de espiritualidad más activa, menos ritualista, en sintonía con exploraciones sobre la transformación de uno mismo. Un tipo de espiritualidad, por lo tanto, más centrada en el individuo y sus necesidades que en jerarquías externamente establecidas y de carácter impositivo. Un tipo de espiritualidad organizada desde lo humano y, desde allí, dirigida a un más allá, a diferencia de muchos de los caminos religiosos hoy prevalecientes que se han construido a la inversa, como una verdad revelada por la divinidad que somete a los individuos. Un tipo de espiritualidad que legitime y valide la duda, el cuestionamiento, la crítica, rasgos clave de la Modernidad y de los que hoy no es posible desprenderse.

Por último, se trata de un tipo de espiritualidad que posiblemente seguirá más un camino de indagación y exploración desde la negatividad, un camino más apofático que catafático, pues hemos aprendido que por lo general los esfuerzos por definir la divinidad a través de la asignación de rasgos positivos no hace, en rigor, más que extrapolar nuestros propios rasgos en lo divino, distorsionándolo y limitándolo, lo que suele alimentar la incredulidad y el ateísmo. Éste es, sin duda, un terreno donde estamos muy atrasados.

El mundo espiritual que hoy nos rodea es un resabio de un pasado que hace mucho tiempo dejó de existir. Evoca épocas medievales o incluso anteriores. Su imaginería y sus mitos pertenecen a otros períodos y, por lo tanto, a los niños les resulta cada vez más difícil sintonizar con ellos. Es sorprendente constatar cómo el espíritu religioso decae con las nuevas generaciones. No es extraño que este sea, precisamente, el ámbito quizás más crítico donde se desarrolla el sinsentido que hoy nos acosa desde tantos lados.

18. La noción de alma humana

La ontología del lenguaje suscribe una concepción particular sobre el alma humana. Arranca de una noción de alma muy diferente de la que nos entrega la concepción tradicional, para la cual el alma representa una sustancia. El dualismo filosófico entiende a los seres humanos como constituidos por dos sustancias: el cuerpo, que representa nuestra sustancia física, y el alma, que es una sustancia espiritual. Siguiendo la tradición inaugurada por Spinoza, la ontología del lenguaje rechaza el dualismo filosófico y, de acuerdo con el enfoque sistémico, remite todo cuanto somos a una determinada estructura biológica a partir de la cual emergen diferentes dominios fenoménicos. Ello, sin embargo, no impide hablar del alma humana.

Desde nuestra perspectiva, el alma no es sino la forma particular de ser que caracteriza a un determinado individuo. Por lo tanto, no es sustancia sino forma. Da cuenta del modo de ser de un determinado ser humano. Ahora bien, cabe entonces preguntarse ¿qué configura una forma de ser singular? Como primera respuesta podríamos decir: su particular manera de estar en el mundo. El alma se configura en la doble relación que un individuo mantiene con su mundo, dando cuenta, por un lado, de su particular forma de actuar e intervenir en él y, por otro, de la particular forma como el mundo resuena en él, haciéndolo reaccionar de una u otra manera.

Esto es fundamental por cuanto apunta al hecho de que es nuestro actuar –tanto nuestro accionar como nuestro reaccionar– el que asume una determinada configuración, determinados patrones de comportamiento, en definitiva, una forma que da lugar al tipo particular de ser que somos y conforma lo que denominamos propiamente como nuestra alma. Esta relación entre acción y ser es uno de los pilares fundamentales del discurso de la ontología del lenguaje. Como lo señala su segundo principio:

"No sólo actuamos de acuerdo a cómo somos,
también somos de acuerdo a cómo actuamos.
Acción genera ser".

Este principio marca un punto de ruptura fundamental con el programa metafísico para el cual el ser siempre antecede a la acción, y la acción remite siempre al ser. Sin desconocer que todo actuar revela una forma de ser particular, afirmamos que la acción es el principio activo y constituyente del ser.

Desde esa perspectiva, para nosotros el concepto del alma humana responde a un esfuerzo por dar cuenta de una forma particular de estar que se expresa en nuestra manera de comportarnos en el mundo. Se trata de un recurso explicativo que construimos a partir de la acción humana. Como lo señala Nietzsche: "El sujeto, como tal, no existe; la acción es todo". Nuestra forma de actuar es nuestra forma de ser, y la noción de alma no hace más que responder a la forma de ser que nuestras acciones configuran[10].

Lo anterior nos obliga a dar un paso más. Para comprender adecuadamente nuestra manera de actuar, tal como ya lo hemos expuesto, es preciso preguntarse por los factores que inciden en ella, conduciéndonos a tomar uno u otro camino. Sin esta reflexión, nuestra concepción sobre el alma humana se torna superficial. Pues bien, esta reflexión es la que se expresa en nuestro modelo OSAR y en el reconocimiento de condicionantes tanto visibles como ocultos de la acción humana. Ello permite la apertura del concepto de acción a las temáticas del observador y del sistema. Sin estas aperturas, quedamos atrapados en un concepto de acción muy débil para iniciar una exploración en profundidad sobre el alma humana.

19. El carácter misterioso del alma humana

El concepto de alma humana con el que trabajamos define aspectos centrales de la ética de la práctica del coaching ontológico, y como tal debe ser utilizado con cautela. Ello representa, por lo demás, un rasgo diferenciador clave de nuestra

---

10 Es interesante mencionar a este respecto que existe una opinión vulgar en el sentido de que el coaching ontológico no se preocupa por el "hacer", sino que se concentra en el "ser". Éste sería, según tal opinión, lo que le conferiría precisamente su carácter propiamente ontológico. Quienes así opinan no se percatan del hecho de que uno de los rasgos distintivos de la propuesta ontológica es su confrontación con el programa metafísico y que cualquier intento de conferirle al ser autonomía frente a la acción nos sumerge de vuelta en la metafísica. Por lo demás, cuesta entender de qué manera podemos entender una transformación del ser sin que ello sea generado y se exprese en cambios en la acción.

escuela frente a otras. En la medida en que concebimos la práctica del coaching ontológico como una acción dirigida al objetivo de la transformación del tipo de ser que somos, el alma humana constituye su materia prima más importante.

A partir de lo anterior, es fácil concebir el coaching ontológico como una suerte de "ingeniería del alma humana", como un proceso de diseño y construcción de nuevas formas de ser. Esto lo vemos reflejado en algunas corrientes que se nutren del coaching ontológico. Nos oponemos radicalmente a esa concepción pues consideramos que transforma el coaching ontológico en una práctica altamente peligrosa, de la que cabe esperar más daños que ventajas, más sufrimientos que desplazamientos expansivos del alma. Toda "ingeniería del alma humana" la cosifica, la convierte en un objeto que puede ser manipulado. Le niega al alma su inherente autonomía. Termina utilizando –y muchas veces abusando– del coachee.

¿Cómo evitarlo? ¿Qué es aquello que podría resguardarnos frente a esos peligros? Nuestra respuesta en ese sentido es categórica. Se trata, entre otras cosas, de afirmar el carácter profundamente misterioso del alma humana. Esto conecta el discurso de la ontología del lenguaje con una destacada corriente filosófica: el romanticismo alemán[11].

El postulado del misterio del alma humana posee, en la ontología del lenguaje, un doble fundamento. El primero resulta de la postura que esta adopta, de manera general, frente al conocimiento. Sostenemos que el ser humano no puede acceder al ser de las cosas. Objetamos la noción metafísica de verdad. En nuestro afán de conocimiento sólo disponemos de interpretaciones que son y serán siempre parciales, limitadas. Toda interpretación, si bien logra iluminar aspectos de lo que examina, inevitablemente oscure-

---

[11] Al respecto, véase Rüdiger Safranski, *Romanticismo: Una odisea del espíritu alemán*, Tusquets Editores, Barcelona, 2009.

ce otros. Es propio del conocimiento este carácter dual a través del cual logramos iluminar, pero también le es inherente el oscurecer, ocultar. Si bien podemos avanzar hacia procesos de conocimientos con capacidad creciente de iluminación, como sucede por ejemplo con el desarrollo de las ciencias, nunca dejaremos de preservar zonas oscuras frente a lo que buscamos conocer.

Esta postura frente al conocimiento impone una determinada disposición ética, introduciendo la humildad y la sospecha constante frente a lo que procuramos explicar. Nunca debemos descartar el hecho de que, desde una perspectiva distinta, nuestras explicaciones se derrumben y accedamos a interpretaciones muy diferentes y mucho más poderosas. Desde esa posición, cualquier objeto que busquemos conocer preserva su carácter misterioso, aunque estemos en condiciones de defender el poder relativo de nuestras interpretaciones frente a otras. Nuestras interpretaciones no corresponden nunca con la realidad de la que buscan dar cuenta. Son mapas, no territorios. Nuestras explicaciones, por lo tanto, son y serán siempre provisorias, independientemente de los objetos explicados. La soberanía del conocimiento es siempre inestable, dinámica, cambiable. Todo conocimiento convierte aquello que busca conocer en "objeto" de conocimiento. El alma humana es esquiva a convertirse en objeto.

En el caso del alma humana el objeto que busca ser conocido y explicado introduce, por sí mismo, algunas dimensiones propias que acentúan su carácter misterioso, propio de todo proceso de conocimiento. Éste es un rasgo que caracteriza al romanticismo filosófico alemán. Demos algunos ejemplos. Johann Gottfried Herder, uno de los fundadores de esta corriente de pensamiento, nos señala: "la raíz más profunda de nuestra alma está cubierta de noche". Es propio del alma humana mostrar sólo su lado iluminado, como sucede con la luna, pero la mayor parte de ella misma se mantiene inevitablemente en la oscuridad.

El poema "Noche de luna", de Joseph von Eichendorff, se inicia con las siguientes palabras:

Era como si el cielo
La tierra hubiera besado;
Y en el floreciente destello
Tenía de qué estar soñando.
Y mi alma tendía
Todo el ancho de sus alas,
En silencio las batía
Como si volara a casa

Más adelante, Herder sostiene: "El alma se encuentra en un abismo de infinitud y no sabe que se encuentra en él". Ello implica que su lado oscuro no sólo no logra ser visto por los demás, sino que ella misma no suele percatarse de él. Nietzsche nos lo advertía: nosotros, los que conocemos, somos profundamente desconocidos para nosotros mismos. Muchas veces el trabajo de un coach ontológico consiste en guiar al coachee en el camino hacia las tinieblas de su propia alma. La interacción de coaching se convierte, entonces, en una exploración parcial, siempre parcial, en el misterio abismal del alma del coachee. Se trata de un misterio sin fondo, inextinguible, que nunca logra su completa disolución.

Detrás de la cara visible que exhibe el alma humana hay un mundo misterioso. Los románticos aluden a él de distintas formas. Novalis nos habla del "yo detrás del yo", indicándonos que el yo al que accedemos se sustenta siempre en un yo más profundo que está detrás. A través de la interacción de coaching ontológico logramos a menudo asomarnos (tanto el coach como el coachee) detrás de ese primer yo visible, y "hacer visible" ese otro yo que se encontraba oculto. Pero este es un proceso que no se detiene en la medida en que el propio yo que hemos "hecho visible" esconde a su vez otros "yo" más profundos que él mismo.

Sin embargo, esos "yo" profundos, intuidos por los románticos, no son sólo espacios que podamos iluminar parcialmente. Esos mismos "yo" son los que pueden hacerse cargo de sus respectivos "yo" visibles, son encrucijadas, a partir de las cuales cabe ahora orientar sus transformaciones. El movimiento romántico acude con cierta frecuencia a dos términos que nos parecen particularmente atractivos. Nos habla de ventanas y de puertas. De lo que se trata es, precisamente, de mostrar nuevas ventanas y puertas. De generar nuevos observadores que puedan tomar acciones que les permitan salir hacia otros lados e iniciar nuevos caminos. Es una bella manera de decir lo que busca el coaching ontológico. En un poema de Eichendorff leemos:

> *Ventanas y puertas abiertas están.*
> *De nada sirve oponer resistencia;*
> *En ondas del corazón he de notar:*
> *Amor, prodigiosa existencia,*
> *De nuevo a seducirme volverás.*

Johann Gottlieb Fichte apunta a la misma idea con un lenguaje diferente. Frente al reconocimiento de un yo "empírico" y visible, nos habla de un yo "trascendental" y oculto. Friedrich Schelling, posteriormente, se mueve en la misma dirección y se refiere a un "yo absoluto" que se caracteriza por el hecho de que "bajo ningún concepto puede jamás hacerse objeto" y, por lo tanto, permanece siempre inasible. Desde esa perspectiva el romanticismo postula una noción del alma humana como la eterna desconocida.

Friedrich Schlegel saca de esto una conclusión que un coach ontológico nunca debería perder de vista. Nos dice que el hombre tiene "un sentido infinito para otros hombres". Nunca logramos comprender totalmente al otro. Ello nos acerca a las ideas que posteriormente serán desarrolladas por Martin Buber en torno al carácter de la relación que se establece entre dos seres humanos, relación del todo diferente de la relación instrumental que mantenemos con los objetos. En otro lugar, Schlegel señala en su obra *Sobre la incomprensibilidad*:

"[...] lo más delicioso que tiene el hombre, la satisfacción interior misma, pende a la postre de un punto que, si bien ha de dejarse en la oscuridad, sin embargo, lleva y soporta el todo, y perdería esta fuerza en el mismo instante en el que quisiéramos disolverlo en la razón."

Schlegel, como sucede en general con los románticos, entiende que el alma humana pertenece, en último término, al dominio de lo inefable. Como tal, en la medida en que profundizamos en ella nos alejamos del ámbito del lenguaje.

Para Fichte el "yo" no es ni un hecho ni una cosa. Es un acontecimiento. El "yo" acontece. Con ello se apunta en una dirección diferente. Yo me produzco como "yo". Mi "yo" no me es dado, yo mismo lo genero. Y ello lo realizo a partir de mi capacidad de acción. El hombre, reconoce Fichte, es un ser que siempre puede comportarse de otro modo y ver las cosas de distinta manera. El mundo para los seres humanos es un mundo de posibilidades. El "yo", en consecuencia, es también un misterio por su fluidez, por su capacidad de asumir nuevas y muchas veces insospechadas formas.

En su capacidad de transformación sin pauta previa el alma humana radicaliza su misterio. Somos seres abiertos al tiempo, no sólo por cuanto traemos al presente un pasado, sino también en la medida en que, desde el presente, nos abrimos a futuros posibles diferentes. Mientras estemos vivos, el alma humana puede proyectarse hacia nuevas formas. Nietzsche insistía en que el "ser" del ser humano es una promesa. Y una promesa en muchos sentidos indeterminada, abierta a múltiples contenidos.

Todo ello impone, obviamente, una perspectiva ética que nos aleja por completo de aquella que se asocia a la noción de una "ingeniería del alma humana". Trabajar con el misterio del alma es muy distinto de operar con el trazado de caminos o de puentes. La ilusión de objetividad que podemos levantar en estos casos se esfuma por completo cuando nos enfrentamos a los misterios del alma. La seguridad en nuestro operar se disuelve por sí sola. Surge con fuerza la necesidad de la humildad, la importancia de saber soltar, el respeto por el otro, la capacidad de asombro y, en general, la idea de que aquello que el coach ontológico tiene en sus manos requiere de cuidado y cultivo. Sólo entonces comprendemos que la práctica del coaching ontológico se asocia con el arte, y no con la ingeniería.

20. La estructura de lo posible

Si la perspectiva de la transformación representa el eje de nuestra propuesta, cabe preguntarse sobre el rango de transformaciones posibles que disponemos los seres humanos. Podemos dirigir este interrogante en dos direcciones: hacia el mundo y hacia nosotros mismos. Es la segunda dirección la que nos interesa particularmente, por cuanto es la que aparece involucrada en la práctica del coaching ontológico. ¿Cuál es el ámbito de cambios posibles en los seres humanos? En otras palabras, ¿cuál es el rango de transformaciones posibles del coaching ontológico?

Nuestra primera respuesta: el ámbito de la transformación es infinito. Habiendo dicho eso, comprobaremos que no está exento de límites. Esto parece contradictorio, pero creemos que no lo es.

La geometría considera al menos dos situaciones asociadas a la noción de infinito. La primera guarda relación con una línea que se proyecta infinitamente por ambos lados, sin encontrar límites que la detengan. Puede tratarse de una línea recta proyectada infinitamente en el espacio o de una línea curva cerrada sobre sí misma, como sucede, por ejemplo, en una circunferencia. La segunda noción de infinito opera al interior de una línea acotada, que termina en ambos extremos. En este caso, la geometría postula que podemos afirmar que entre ambos extremos existen infinitos puntos. Ésta es la noción de infinito que aplicamos para hablar del ámbito de transformaciones posibles en los seres humanos. Estamos acotados, limitados, pero al interior del espacio que ocupamos cabe la posibilidad de infinitas transformaciones. No hay un límite que nos obligue a detenernos. Siempre es posible concebir una transformación adicional.

Si tenemos límites, la pregunta que corresponde levantar es: ¿cuáles son? Nuestra respuesta es que disponemos de dos tipos de límites: uno que se nos impone y otro que nos lo autoimponemos. El primero sirve de piso de lo que llamaremos "la estructura de lo posible", y el segundo, de techo.

El piso de la estructura de lo posible para los seres humanos lo confiere la biología. Sólo podemos hacer lo que nuestra biología nos permite. Como todo ser vivo, somos seres acotados biológicamente en nuestro actuar. No nos es posible hacer —y ello incluye pensar, sentir, imaginar, entre otros— lo que nuestra biología no nos permite. Hay cosas que estamos individualmente limitados a realizar, pero que, sin embargo, podemos acometer coordinando acciones con otros, en la medida en que la coordinación con los demás nos esté biológicamente permitida. Es más, dentro de las cosas que podemos hacer está también intervenir en nuestra biología y, al hacerlo, habilitar acciones que antes nos estaban vedadas. Pero, con todo, estaremos siempre limitados por nuestra biología.

Cuando transitamos desde el ámbito de la biología al de la acción, en rigor cruzamos de un dominio fenoménico a otro. Ello implica un cambio de mirada frente al fenómeno humano. Sus lógicas de comportamiento son diferentes. Situados en el ámbito de la acción, constatamos que este se nos presenta inicialmente como altamente caótico. Con el ánimo de introducir un cierto orden que nos permita comprenderlo mejor e incrementar nuestra capacidad de intervención en él, con el propósito de conferirle un determinado nivel de estructuración, postulamos que la amplia variedad de acciones que los seres humanos podemos emprender remiten a lo que hemos denominado "tres dominios primarios" que emergen de nuestra biología. Ellos son la corporalidad, la emocionalidad y el lenguaje.

¿Son estos todos los dominios posibles? De ninguna forma. ¿Son, acaso, los que nos resultan vitalmente más importantes? Posiblemente no. Se trata tan sólo de ámbitos que consideramos "primarios" y, por lo tanto, que sirven de soporte a cualquier otro. Alguien podrá sostener, por ejemplo, que no hemos incluido el dominio de la espiritualidad y que este es más importante que los anteriores. Nuestra respuesta es que para devenir un ser espiritual requerimos ser primero un ser emocional y un ser lingüístico, capaz de hacerse preguntas, sin lo cual el ámbito espiritual no puede constituirse. Sin duda este último es importante, pero no es un dominio primario.

La distinción de estos tres dominios primarios es fundamental para la práctica del coaching ontológico, pues identifica campos posibles de intervención. Hay tipos de coaching que requerirán ser más lingüísticos, otros más centrados en el dominio emocional y, por último, habrá algunos que le confieran un mayor énfasis a la corporalidad. Todo coach sabe, por lo demás, que estos tres dominios, aunque diferentes, conforman una estructura de coherencia y están relacionados y alineados entre sí. Es más, conforman un sistema donde los cambios en cada uno de ellos suelen traducirse en modificaciones en los otros dos.

Podemos señalar, por lo tanto, que sobre el piso que nos proporciona la biología se levantan estos tres dominios fenoménicos emergentes: corporalidad, emocionalidad y lenguaje. Son parte de lo que hemos llamado la estructura de lo posible. Pero se encuentran al interior de un espacio acotado tanto por abajo como por arriba. ¿Qué es aquello que los acota por arriba? Nuestra respuesta: la ética. El actuar humano no sólo está limitado por las restricciones que nos impone nuestra biología, sino también por las restricciones éticas que nos autoimponemos.

El actuar humano, a diferencia del comportamiento animal, es un actuar éticamente delimitado. Esto no es algo que, al interior de una interacción de coaching, caracterice sólo el actuar que nos expone el coachee; es también un límite que fija restricciones a la propia práctica del coaching y, por lo tanto, a las acciones que realiza el coach ontológico. Por lo tanto, una pregunta fundamental que cabe plantearse es: ¿cuáles son las restricciones éticas que el coach ontológico requiere autoimponerse? Sobre ello volveremos más adelante.

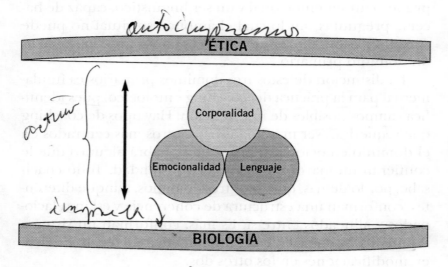

Figura 2. La estructura de lo posible

El dominio de la ética representa el techo de la estructura de lo posible en el actuar de los seres humanos. Sin embargo, este techo posee un carácter diferente del que caracteriza a la biología. Si bien los seres humanos nos encontramos biológicamente equipados de una determinada manera, disponiendo de un ámbito relativamente restringido de intervención para alterar este condicionamiento, el dominio de la ética representa por entero una construcción humana y, por lo tanto, a la vez que condiciona nuestro actuar, es el resultado de nuestro propio accionar. En consecuencia, la relación que mantenemos con el dominio de la ética es muy diferente de la que sostenemos con el dominio de lo biológico.

Uno de los postulados fundamentales –y quizás más controvertidos– de Spinoza es precisamente aquel que reposiciona el dominio de lo ético, haciéndolo descender del plano de lo trascendente en que lo había situado originalmente la metafísica, por sobre los seres humanos, para resituarlo en el dominio de lo humano. Spinoza nos plantea:

"No nos esforzamos por nada, ni queremos, apetecemos o deseamos porque juzguemos que algo es bueno, sino que, por el contrario, juzgamos que algo es bueno porque nos esforzamos por ello, lo queremos, apetecemos y deseamos." (E, III, 2, Esc. y 9, Esc.).

El carácter trascendente de la ética, que no puede ser desconocido, pues nos impulsa a elevarnos sobre nosotros mismos, opera, de acuerdo al postulado de Spinoza, dentro de la esfera de lo humano.

Esto nos muestra que, cuando examinamos la relación entre la ética y la propuesta ontológica, no se trata de comparar a esta última con una ética consolidada, ya constituida. La tarea es más compleja, pues la propuesta ontológica requiere reinterpretar el propio carácter de la ética. Ésta deja de ser un parámetro de comparación externo a la propuesta ontológica y se convierte en parte de ella.

Aun cuando no somos responsables de nuestro equipamiento biológico específico, sí lo somos de la estructura valórica que define la ética a la que nos sometemos. Por otro lado, mientras en buena medida estamos obligados a someternos al condicionamiento biológico, podemos intervenir para transformar la estructura valórica que nos constituye. Los valores son generados por los propios seres humanos, y estos poseen la capacidad de evaluarlos y modificarlos. Consciente de esto, Nietzsche nos convoca precisamente a acometer tal evaluación y a avanzar hacia una profunda transformación de nuestros valores.

21. El rango de la transformación

Hay una segunda interrogante sobre el carácter de la transformación que muchas veces se nos plantea con respecto al alcance del coaching ontológico. Ya tenemos claro que el coaching ontológico es una práctica abierta a la posibilidad de cambio, que opera no sólo al interior del ser que somos sino que en un sentido literal transforma el ser que hasta ahora hemos sido. El ser que cada uno es ha estado, en rigor, transformándose desde el momento mismo de nuestro nacimiento –algunos podrán sostener que incluso antes. La transformación del ser no es, por lo tanto, algo privativo del coaching ontológico. Pero tal transformación tiene un carácter progresivo y, por lo general, es puntual y acumulativa. Lo propio del coaching ontológico es el hecho de que establece un punto de inflexión en ese desarrollo progresivo de nuestro ser. A partir de esa experiencia, entramos en un espacio de ser diferente que de una u otra forma implica una ruptura, un cambio cualitativo respecto del ser que veníamos siendo. De una u otra forma, marca un antes y un después.

¿Cuán profundo es ese cambio? ¿Cuán radical es esa ruptura? ¿Cuán diferente devenimos como resultado de la acción de coaching? Estas preguntas no son fáciles de responder. En parte, por cuanto lo que conservamos de nuestra forma de ser previa es masivo. Evidentemente no emergemos de una interacción profunda de coaching completamente distintos. Preservamos muchos rasgos de nuestra modo de ser anterior. Quienes nos conocían de antes, seguirán reconociéndonos, pero percibirán que algo importante que nos caracterizaba previamente ha experimentado un desplazamiento significativo. Verán en nosotros respuestas, reacciones emocionales, en una palabra, comportamientos, que no son los que estaban habituados a esperar.

¿Dónde está entonces la radicalidad? Precisamente, en el hecho de que algunos rasgos que posiblemente predominaban en nuestra forma de ser y que representaban un aspecto que nos era propio ya no tienen la presencia que solían tener. Esto puede ser expresado de otra manera. Aunque muchos de los contenidos que caracterizaban nuestra manera de ser todavía se conservan, hay ciertos elementos que pertenecían, ya sea en el núcleo de nuestra alma (forma de ser) o que representaban uno de sus límites más marcados, que han sido alterados, y son estos elementos los que ahora se exhiben de manera radicalmente distinta, ofreciendo, tanto para los demás como para nosotros mismos, la sensación de que nuestro ser es diferente. Y así como una interacción de coaching tiene este potencial, una secuencia de interacciones equivalentes podrá producir cambios en otros ámbitos de nuestra existencia, profundizando aún más el proceso de transformación inicial.

Podemos expresar lo anterior acudiendo a la terminología del enfoque sistémico, el cual nos muestra que las transformaciones no siempre ocurren linealmente. Ello implica que los resultados no son siempre proporcionales a las causas que los generan. Muchas veces hacemos inmensos esfuerzos por lograr cambios que no se producen; otras hacemos un pequeño cambio y se generan resultados que se expresan en cambios cualitativos. Esas situaciones son denominadas "transiciones de fase" por el enfoque sistémico. La propuesta de la ontología del lenguaje es una propuesta sistémica, como lo es también la práctica del coaching ontológico.

Desde esa perspectiva, el coaching ontológico se concentra muchas veces en intervenir en aquellos aspectos del alma humana susceptibles de producir, precisamente, transiciones de fase. Busca alterar algunas dimensiones nuestras que producen, no sólo un cambio al interior del ser que somos, sino una transformación cualitativa de ese mismo ser. Se trata de una práctica de la que emerge una forma de ser distinta. Se produce, en pocas palabras, una transformación ontológica.

Consideremos algunos ejemplos. Que una determinada persona a veces aprenda a decir que no, a hacer peticiones, a escuchar a los demás en forma distinta, a fundar de manera efectiva los juicios a partir de los cuales conduce su existencia, a modificar el peso que en ella tienen ciertas emociones, a alterar una determinada interpretación sobre los demás, sobre sí misma o sobre sus experiencias pasadas, todos esos aprendizajes, siendo puntuales, suelen traducirse en transiciones de fase, en transformaciones cualitativas del ser que hasta entonces esa persona había sido. Salimos de ellas sabiéndonos otro. Ello no impide que muchas cosas que antes nos acompañaban sigan haciéndolo.

22. Los seis ejes ético-emocionales de la ontología del lenguaje

El discurso de la ontología del lenguaje no sólo busca generar una nueva interpretación del fenómeno humano, sino también nos propone un conjunto de valores a partir de los cuales sustentar el sentido de nuestra existencia y enmarcar nuestra convivencia con los demás. Se trata, por lo tanto, de una propuesta que incursiona en el campo axiológico.

La estructura valórica básica que propone la ontología del lenguaje se organiza en torno a seis ejes valóricos o, lo que es equivalente, a seis ejes ético-emocionales. Ellos se organizan en dos conjuntos constituidos de tres ejes cada uno. Examinaremos por separado cada uno de estos conjuntos.

Figura 3. El triángulo del valor/amor

Al primer conjunto lo llamamos "el triángulo del valor" y podríamos denominarlo también "el triángulo del amor". Como veremos, los tres ejes que lo integran se relacionan indirectamente con los tres ejes conversacionales que sugiere Buber.

El primer eje de este conjunto se refiere a la manera como le otorgamos o restamos valor a los demás. Es un eje que oscila entre el respeto y la invalidación o la descalificación del otro, de un otro que entendemos siempre diferente de nosotros. En este eje, la ontología del lenguaje afirma el valor del respeto.

El segundo eje de este primer conjunto apunta a la forma como nos otorgamos o restamos valor a nosotros mismos. Se trata de un eje que oscila entre la dignidad y la falta

57

de autoestima y, por lo tanto, la desvalorización personal. En este segundo eje, la ontología del lenguaje afirma el valor de la dignidad personal.

Por último, el tercer eje se refiere a los desafíos de transformación (incluidos los del aprendizaje) que encaramos en la vida y que nos conduce a trascenderla. Este tercer eje oscila entre la humildad y la arrogancia. Nuestra propuesta afirma el valor de la humildad.

Todo ello configura una primera trilogía de valores: el respeto hacia los demás, la afirmación de la dignidad personal y la humildad frente a los desafíos de la transformación.

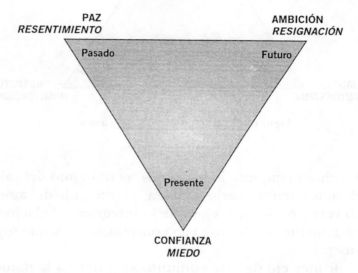

Figura 4. El triángulo de la temporalidad

El segundo conjunto está nuevamente conformado por tres ejes, pero esta vez apuntan a la estructura de la temporalidad. Vivimos en el presente. Sin embargo, los seres humanos traemos a nuestro presente las experiencias del pasado y proyectamos desde el presente nuestras expectativas con respecto al futuro. Ello implica que en nuestro presente cohabitan tres tiempos: pasado, presente y futuro. La forma como nos relacionamos con estos tres tiempos juega un rol determinante en nuestra existencia y en el sentido que seamos capaces de conferirle a nuestras vidas.

El primer eje de este segundo conjunto se refiere al modo como nos relacionamos con el pasado. Este eje oscila entre la aceptación y la paz, por un lado, y el resentimiento, por el otro. Nuestra propuesta afirma el valor de la aceptación y la paz, independientemente de los hechos que hayan marcado nuestro pasado. Los seres humanos no podemos modificar los hechos del pasado, pero sí podemos interpretarlos de manera diferente y relacionarnos con ellos desde emociones distintas. No importa lo que nos haya ocurrido, propiciamos mirar el pasado desde la disposición del *amor fati* (amor al destino) de la que hablara Nietzsche.

El segundo eje de este conjunto se dirige al futuro y oscila entre la ambición, que busca el mejor aprovechamiento del tiempo por venir, y la resignación, que nos sume en la impotencia y devalúa nuestra capacidad de acción. Ésta es una propuesta que afirma el valor de la ambición. Defender el valor de la ambición equivale a comprometernos con la *voluntad de poder*, con el incremento de nuestra capacidad de acción. Como puede apreciarse, no se trata de un "poder sobre", que se imponga sobre otros, sino de un "poder para", que se opone a la impotencia en la que frecuentemente caemos.

Por último, el tercer eje se refiere al presente. Es un eje que oscila entre la confianza y el miedo. Aunque estamos conscientes de que no es conveniente prescindir de cierta capacidad de activar el miedo, pues ella nos ayuda y nos alerta frente a las amenazas que pueden comprometer nuestra existencia, nuestra propuesta afirma el valor de la confianza que nos permite asumir riesgos y adentrarnos en territorios inexplorados. En síntesis, el discurso de la ontología del lenguaje se compromete valóricamente con la aceptación del pasado, la ambición frente al futuro y la confianza en el presente.

Como puede apreciarse, la estructura valórica antes expuesta mantiene marcadas diferencias con algunas corrientes de la cultura occidental tradicional y, muy particularmente, con los valores proclamados tradicionalmente por el catolicismo. Hay dos puntos importantes de diferenciación con este. Para el catolicismo –especialmente para su vertiente hispánica– la resignación es un valor y la ambición es un vicio pecaminoso. En relación con la resignación parte del problema es semántico. Cuando el católico defiende la resignación, muchas veces está recomendando la aceptación. No siempre es así, pero cuando tal es el caso nuestra diferencia con el catolicismo es sólo formal.

No sucede lo mismo con la ambición, la que suele ser utilizada desde el catolicismo como criterio de descalificación. Ser ambicioso está mal. Detrás de esa acusación suele esconderse la idea de que poco o nada cabe esperar de esta vida, del "valle de lágrimas" que es este mundo, salvo hacer los méritos suficientes para merecer la vida del más allá. Ésta es una disposición que nosotros cuestionamos. Desde nuestra perspectiva, estamos en esta vida para lograr de ella los más altos resultados. El valor de la ambición expresa este predicamento. A partir de la Reforma, el protestantismo que impera, por ejemplo, en las sociedades anglosajonas, nos muestra la importancia de revalorar la ambición y su expresión en el emprendimiento.

Una vez completados los dos conjuntos de tres ejes ético-emocionales, podemos agruparlos en el siguiente cuadro sintético:

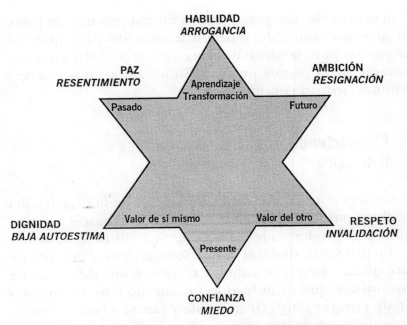

HABILIDAD
ARROGANCIA

PAZ
RESENTIMIENTO

Aprendizaje
Transformación

AMBICIÓN
RESIGNACIÓN

Pasado

Futuro

DIGNIDAD
BAJA AUTOESTIMA

Valor de sí mismo

Valor del otro

RESPETO
INVALIDACIÓN

Presente

CONFIANZA
MIEDO

Figura 5. Nuestra estructura ético-emocional básica

23. Hacia una ética de la práctica del coaching ontológico

Luego de todo lo anterior, podemos por fin abordar el tema de la ética en la práctica del coaching ontológico. Como hemos dicho, el coaching ontológico es una práctica que deriva del discurso de la ontología del lenguaje. Antes de relacionarse con el coaching ontológico, ese discurso ha establecido importantes compromisos éticos que, al momento de diseñarse la práctica, esta no puede sino hacer suyos. Por lo tanto, todo lo que hemos planteado representa un marco ético preliminar que sostiene la práctica del coaching ontológico.

Sin embargo, lo anterior no agota cuanto requiere decirse en torno a la relación entre la ética y el coaching ontológico. Hay determinados aspectos éticos que, aunque coherentes con lo ya expresado, son propios de la misma práctica. Se trata, en algunos casos, de especificaciones de principios ya expuestos, pero también de aspectos que se deducen directamente de la propia práctica. Sobre ambos nos interesa pronunciarnos a continuación.

24. El carácter de la práctica del coaching ontológico

Nos referiremos brevemente al carácter de la práctica del coaching ontológico. ¿En qué consiste? ¿Qué busca? Son preguntas que podemos responder de muy distintas maneras.

Lo primero a destacar es que se trata de una práctica de aprendizaje. Ésta precisamente reconoce una dificultad de aprendizaje que el individuo en cuestión siente que no puede encarar satisfactoriamente y por sí mismo y, por lo tanto, pide ayuda. No se trata de una práctica terapéutica, si por ello entendemos que la persona involucrada adolece de alguna patología. Estamos conscientes de que no toda terapia presupone un cuadro patológico y, en tal caso, esta diferencia se diluye. Lo importante es afirmar que la persona que solicita coaching no está enferma. Está perfectamente sana. Acude al coach ontológico por cuanto siente que enfrenta una situación que limita su existencia y no sabe cómo resolverla. Se trata de una persona que se reconoce incompetente para encarar la situación que la afecta y para superar las limitaciones que se le imponen.

Tampoco se trata de una práctica instructiva. Esta generalmente se realiza cuando se ha predefinido el camino de aprendizaje que la persona involucrada debe realizar. Antes siquiera de que tal persona aparezca, existen determinados contenidos pedagógicos y sus respectivas formas de enseñanza que definirán lo que hará el instructor. En el coaching ontológico la situación a abordar la establece

el coachee, no está predefinida, la dirección del camino
que luego siga la interacción se define a partir de una
activa participación del propio coachee. Se trata de una
dirección siempre negociada entre el coach y su coachee.
El coachee, por lo tanto, es un elemento activo de la interacción del coaching.

De igual manera, no se trata de una práctica de asesoría
en la que el coach coloca al servicio de la persona que atien-
de sus conocimientos y experiencias previas y, de alguna
forma, se hace cargo por sí mismo de resolver el problema
que el coachee le plantea. En la práctica de coaching el
coach no da consejos, no sugiere cómo, según su parecer, la
situación debe ser interpretada o cómo hay que intervenir
en ella. Ello no evita que el coach plantee opciones, sugiera
posibilidades. Pero es siempre el coachee quien tiene la
autoridad de tomar o desechar lo que el coach le propone.

Además de las situaciones antes descritas, hay muchas
otras prácticas que poco o nada tienen que ver con el coaching ontológico. No es un tipo de práctica confesional, como
la que mantenemos con un sacerdote, o de desahogo o catar-
sis, como la que realizamos con un amigo. Es estrictamente
una práctica de aprendizaje que tiene un rasgo particular: está
abierta a la posibilidad de una transformación profunda que
es vivida por el coachee –y muchas veces, reconocida por los
demás– como un cambio significativo del tipo de ser que era
previamente. Es en este sentido que la identificamos como un
"aprendizaje transformacional". Involucra un desplazamiento "ontológico", una transformación del ser que éramos.

25. El carácter plural y múltiple del alma humana: persona y sombra

Hemos sostenido que la interpretación del ser humano que
proponemos se caracteriza, entre otros, por sustituir la

prioridad conferida a la unidad en la visión tradicional, prioridad de raigambre metafísica, por la prioridad conferida a la multiplicidad. Para el programa metafísico el ser propio de cada persona es uno y único y, en tal sentido, diferente del ser de otro ser humano. Desde la ontología del lenguaje no tenemos problemas en aceptar que cada individuo es único, aunque existan corrientes transversales, componentes culturales, que lo cruzan tanto a él como a muchos otros. Todos pertenecemos a la historia. Sin embargo, no nos concebimos como unitarios, uniformes, homogéneos. Desde la ontología del lenguaje nos reconocemos como múltiples.

Éste es un elemento presente en la propuesta de Nietzsche. Nos parece necesario abundar en él, aunque ya lo hayamos hecho. El alma humana o, lo que es lo mismo, la forma de ser particular de cada ser humano, integra, según Nietzsche, múltiples elementos, muchos de los cuales están en contradicción entre sí, en constante contienda. A partir de ese fondo múltiple y contradictorio, el alma requiere establecer un determinado orden para estar en condiciones de encarar la existencia.

Ese orden se realiza mediante el ejercicio de la violencia sobre ese trasfondo caótico, violencia que impone el dominio de unos elementos sobre otros y, por lo tanto, se acomete a través de la subordinación, la exclusión, la represión, la negación de estos elementos subordinados. De ello surge una división del alma en dos partes. La primera, que Nietzsche identifica con la persona, y que representa aquel núcleo de elementos que devienen hegemónicos y que asumen el gobierno del alma; la segunda, que él bautiza con el nombre de sombra, que representa al conjunto de los elementos excluidos del gobierno del alma y subordinados a él de distintas maneras. Esta distinción propuesta por Nietzsche entre persona y sombra resultará determinante en el desarrollo posterior del psicoanálisis y, muy particularmente, en la psicología analítica desarrollada por Carl Gustav Jung.

Persona y sombra representan, por lo tanto, dos principios constitutivos del alma humana. Ambos son muy dinámi-
cos –están sujetos a transformaciones en el curso de la existencia– y mantienen entre sí una relación de oposición, de
confrontación. Lo importante a este respecto es que, según
Nietzsche, somos mucho más que la persona que decimos
ser. Somos también su sombra. Mientras la persona busca
estructurarse, estableciendo una determinada *estructura de
coherencia,* nuestra sombra sigue siendo caótica. En esta confrontación permanente entre nuestra persona y nuestra
sombra, parte de su dinamismo se manifiesta en el hecho
de que frecuentemente algunos aspectos que pertenecían
previamente a nuestra sombra logran incorporarse y tener
presencia en la persona. Así como hay veces que la persona
que somos puede hacerse más estrecha y expulsar hacia la
sombra algunos de los elementos que inicialmente la conformaban, hay también situaciones inversas en las que la
base de la persona se ensancha a través de la incorporación
de aspectos que estaban relegados a la sombra. En su dinamismo, hay transferencias de elementos entre estos dos
principios constituyentes.

26. La dialéctica del alma humana

Es clave tomar en cuenta lo anterior para el argumento que
vamos a presentar a continuación, el cual se refiere a un
tema que hemos denominado "*la dialéctica del alma humana*". Toda interacción de coaching arranca de lo que llamamos una declaración de quiebre o, dicho en lenguaje ordinario, la invocación, de parte del coachee, de un problema.
Ése es su punto de partida. La razón de ser del coaching es
ayudar al coachee a hacerse cargo de un problema frente al
cual no sabe qué hacer. Sin un quiebre, sin un problema, el
coaching no puede realizarse. Mientras el quiebre no esté

declarado por el coachee, lo único que el coach puede hacer es ayudarlo y conducirlo a que lo declare y lo haga suyo. El coaching no puede realizarse frente a un problema que el coachee no reconoce y no hace suyo.

Es fundamental examinar lo que acontece cuando el coachee declara un quiebre o un problema. En ese momento, la persona que el coachee ha sido se escinde, se divide en dos, se ve afectada por una suerte de mitosis, como sucede en el acto de división de una célula. Cuando eso ocurre, nos señala Nietzsche, "devenimos dos". Para un coach ontológico es clave percibir con claridad ese fenómeno, pues requiere intervenir en él. Aclaremos lo que acabamos de señalar.

Desde una primera perspectiva, cabe reconocer que el problema que el coachee declara es expresión de la particular estructura de coherencia de la persona que hasta ese momento ha sido. Si esa estructura de coherencia habría sido diferente, muy posiblemente el coachee no hubiese encarado ese problema. El problema surge, repitámoslo, como expresión de su forma particular de ser y, muy particularmente, del tipo de persona que ha sido. Dada esa forma de ser, ese problema se ha suscitado.

Ahora bien, puesto que el coachee declara aquello como problema, al hacerlo introduce un elemento que subvierte esa forma de ser, esa estructura de coherencia que ha caracterizado el tipo de persona que hasta ahora ha sido y, por lo tanto, introduce un elemento que, por un lado, cuestiona esa misma estructura de coherencia y, por otro, anticipa la posibilidad de una estructura de coherencia diferente. El mismo individuo, al declarar que algo es para él un problema y que no lo puede resolver, se sitúa en un espacio de transición entre una forma de ser pasada y la posibilidad de una manera de ser distinta en el futuro. Reiterémoslo, tanto el problema declarado como la incapacidad de hacerse cargo de él son expresivos de una forma de ser que simultáneamente se cuestiona y se proyecta hacia una forma de ser diferente. El trabajo del coach ontológico consiste en colaborar con el coachee para que este complete su transición y avance por la senda de su transformación.

27. El coach ontológico como partero del devenir del alma humana

Hay otros aspectos asociados a la práctica del coaching ontológico que es necesario destacar. Uno de ellos se vincula con la perspectiva de la transformación. Por un lado, el coachee vive la situación que lo afecta y que lo induce a solicitar coaching como un estancamiento en el devenir y la transformación de su ser. Aspira a salir de algo que lo afecta y no sabe cómo hacerlo. Se siente atrapado, cautivo de esa situación. No logra trascenderla, superarla. Lo que el coach ontológico acomete es restablecer su capacidad de fluir, desplazarse, recuperar su capacidad de transformación para poder superar la situación en la que el coachee se siente atrapado.

Es muy interesante detenerse por un momento en este aspecto. Muchas veces pensamos que el ser que somos vive en el presente. Y sin duda ello es válido. Lo que no somos hoy en día, no lo somos. Pero los seres humanos, tal como lo hemos planteado, vivimos no sólo en el presente, sino en toda la estructura de la temporalidad. Somos también lo que quisimos ser y no fuimos. Ello es parte de nosotros en el presente. De la misma forma, somos lo que aspiramos a ser y aún no alcanzamos. Somos nuestros sueños de un futuro diferente. Y ello también vive en el presente. Esto apunta a un aspecto determinante de la existencia humana. De alguna manera, el ser que somos se nos adelanta y se proyecta hacia el futuro, iluminando un camino. Cuando se nos clausura la posibilidad de proyectar en el futuro un ser diferente del que hoy somos, el sentido de la vida se nos diluye y emerge a menudo el espectro del suicidio.

Para conferirle sentido a nuestra existencia, debemos ser capaces de proyectar el ser que somos por la senda transformadora del futuro. Es lo que Spinoza llama "la perseverancia en el ser". El ser que somos persevera en lograr en el tiempo grados mayores de plenitud. No sólo somos el ser que hemos llegado a ser. También somos el que aspiramos ser. Nuestro ser se proyecta en el devenir. Somos un ser que nos invita a devenir distintos, a transformarnos, a mejorar. Una de las consignas que nos entrega Nietzsche es precisamente esta: "deviene quien eres". Deviene el llamado de ese ser que te convoca desde el futuro.

La búsqueda de una mayor plenitud del ser está asociada a ese sentido de liberación de un presente que sentimos que nos tiene cautivos, a ese profundo sentido de una tierra prometida, en la que atenuaremos o eliminaremos el sufrimiento que hoy padecemos. Esto nos relaciona con dos aspectos a los que apuntábamos al inicio de este ensayo: la disolución del sufrimiento innecesario y la recuperación de una capacidad de acción que sentíamos menoscabada, a la que no lográbamos acceder. El coaching ontológico apunta a recuperar nuestra voluntad de poder, a expandir nuestra capacidad de acción.

Y así como nos ayuda a limpiar resentimientos que arrastramos del pasado, generando en nosotros una mayor liviandad e inocencia, el coaching ontológico también restituye la ambición y disuelve resignaciones. Todo ello contribuye a la disolución de nuestro espíritu de la gravedad. Como resultado del coaching ontológico, el alma deviene ligera. Dicho en términos emocionales, el alma se ilumina y se produce un desplazamiento de emocionalidades negativas, oscuras y pesadas a emocionalidades positivas.

28. El coaching ontológico como depuración de los resabios metafísicos de nuestro sentido común

La práctica del coaching ontológico puede ser vista desde otra perspectiva. Hemos reiterado que ella se sustenta en el discurso de la ontología del lenguaje, y que esta a su vez entra en oposición con las premisas del programa metafísico. ¿Se expresa acaso esta oposición en la propia práctica del coaching ontológico? Sostenemos que sí. El programa metafísico representa no sólo una particular interpretación sobre el carácter de la realidad, involucra simultáneamente una determinada ética de la vida. No olvidemos que el programa metafísico nace ligado al esfuerzo realizado por Sócrates por establecer las bases del "bien vivir". Es luego de Sócrates que Platón y Aristóteles deducen de las premisas establecidas por aquel una determinada interpretación de la realidad que es coherente con tales premisas.

Cuando examinamos, no tanto los planteamientos de Sócrates, sino su particular "quehacer", constatamos que este se dirige a instituir en el sentido común de sus interlocutores, los ciudadanos de Atenas, la noción de "ser" planteada previamente por Parménides y la noción de verdad que se deduce de aquella. Como sucedía con el "ser", la verdad está por sobre los seres humanos y rige sobre ellos. La verdad no es sólo eterna e inmutable, es también una. Es un trono ocupado por una sola idea, que excluye a todas las que no coinciden con ella. El coaching ontológico opera desde un lugar muy diferente. Rechaza la idea de la verdad única propuesta por la metafísica, sustituyéndola por la noción de interpretación. Ello implica un cambio radical. Las interpretaciones pueden ser múltiples, pueden convivir con otras diferentes, pues se saben siempre precarias, provisorias y limitadas.

Las interpretaciones no alcanzan nunca la verdad a la que se refiere la metafísica. Es más, las interpretaciones no se imponen por sobre los seres humanos, son producidas por ellos. El coaching ontológico se reconoce a sí mismo como una práctica de intercambio de interpretaciones que no se devoran necesariamente unas a otras, que nunca están seguras de sí mismas. El coach ontológico no brinda su interpretación como quien ofrece la verdad, sino tan sólo como un umbral de posibilidades de sentido que habilita y frena determinadas acciones y resultados.

La interacción de coaching ontológico se realiza, por lo tanto, desde un lugar muy distinto del que suele situarnos la metafísica. Pero esta situación también suele afectar al coachee. Muchas veces descubrimos que los problemas que este refiere y sobre los cuales pide ayuda surgen del hecho de que, desde su sentido común, se imponen en él determinados "resabios metafísicos".

Los diálogos socráticos buscaban introducir en sus conciudadanos la semilla metafísica. Su esfuerzo terminó por ser históricamente exitoso y conquistó el sentido común de los hombres y mujeres occidentales. Como ya se dijo, sin saberlo, devinimos metafísicos. Una de las tareas frecuentes que realiza el coaching ontológico consiste en intentar deshacer lo que en su momento Sócrates realizara, en extraer de nuestro sentido común esas semillas metafísicas, esos absolutismos que todavía rigen nuestro sentido común y que dificultan nuestra existencia.

La noción metafísica de verdad sirve de pilar de la ética socrática de la existencia y, según el propio Sócrates, sustenta otras dos nociones clave: la bondad y la belleza. Lo verdadero es simultáneamente bueno y bello. Aprender el arte del "bien vivir" implica, por lo tanto, orientar la vida no sólo en la búsqueda de la verdad, sino también de la bondad que la acompaña. Esto último introduce en la perspectiva socrática una mirada que tiende a despreciar todo lo que los seres humanos exhiben de sombrío. En este aspecto, el socratismo exhibe una interesante convergencia con el cristianismo y su ideal de santidad. El cristianismo busca resolver este problema externalizando el mal, proyectándolo fuera del alma humana y encarnándolo en la figura del diablo. Si el mal se apodera de nosotros, se nos señala, ese mal no proviene necesariamente de nosotros, sino del hecho que nuestra alma fue poseída por el diablo.

Nietzsche nos ofrece una mirada radicalmente diferente. En vez de postular que el alma es una y homogénea, nos sugiere la idea de que es múltiple y contradictoria. El alma humana tiene aspectos tanto luminosos como sombríos y, si deseamos aprender a vivir bien, es esencial reconocer nuestros lados sombríos. Reconocerlos no implica permitir que ellos guíen nuestra existencia. El alma requiere de un orden, y todo orden, como hemos planteado, debe necesariamente excluir y subordinar. Sócrates, según Nietzsche, vivió acosado por sus propios aspectos sombríos y dándoles permanentemente la espalda. Su filosofía implica una suerte de negación de sí mismo, un intento tan vano como desesperado por curar su alma de sus dimensiones sombrías de las que él arrancaba. Su filosofía termina siendo, por lo tanto, un producto aberrante de negación de sí mismo y, en último término, de oposición a la vida, a la existencia tal como nos es dada.

Aquel que lucha contra sus propios monstruos, nos dice Nietzsche, corre el riesgo de convertirse en uno. Abundan en la actualidad ejemplos de personas que por imponerse a la fuerza un supuesto camino de santidad y por darle la espalda a sus respectivas sombras, terminan realizando increíbles aberraciones. Ha sido el caso reciente de varios sacerdotes de la Iglesia Católica. Lo importante a este respecto no es sólo el enjuiciamiento moral de estas situaciones, sino poder indagar en ellas y preguntarnos por las condiciones que conducen a tales comportamientos cuestionables. Mientras no entendamos la raíz de problema, no estaremos en condiciones de corregirlo.

Cuando nuestros ideales contravienen las condiciones de facticidad de la existencia, reducimos la existencia a una sola dimensión y hacemos que esos ideales mantengan apresada nuestra alma. Quedamos mucho más expuestos a aquello que precisamente queremos evitar. Nietzsche invoca como ideal lo que denomina "los seres humanos del mediodía". ¿Qué significa esta expresión? El mediodía es el momento del día en el que nuestra sombra es más corta. Nuestra alma no podrá nunca dejar de tener sombra. Pero es necesario, en su opinión, asumir esa sombra, reconocerla para así reducir su tamaño y parte de su oscuridad.

Existe otra forma, según el mismo Nietzsche, en la que Sócrates reduce el alma y la existencia humana a una sola dimensión. Ella guarda relación con el papel que Sócrates le confiere a la razón y el profundo desprecio que manifiesta por el dominio emocional y corporal. Para la metafísica, como ya se dijo, lo emocional y lo corporal no son atributos de nuestra humanidad, sino de nuestra animalidad. Por lo tanto, nos invita nuevamente a darles la espalda. Uno de los aspectos característicos del coaching ontológico consiste en revertir esta perspectiva y conferirles a estos dos ámbitos –lo emocional y lo corporal– plena carta de ciudadanía en el devenir de nuestra existencia.

29. El carácter amoral de la práctica del coaching ontológico: el coach como espejo del coachee

Aun cuando la práctica del coaching ontológico está situada de lleno en el plano de la ética, exhibe, sin embargo, un rasgo interesante. Se trata simultáneamente de una práctica amoral. Entendemos por moral la especificación concreta de un marco ético con respecto a un individuo particular. La ética guarda relación con principios generales sobre los cuales todos podemos debatir. La moral está referida a los principios que yo declaro válidos y que utilizo para orientar mi existencia y guiar mi comportamiento. De aceptarse esta distinción, todo lo que hemos dicho nos muestra el carácter marcadamente ético del coaching ontológico. Pero para servir esta misma dimensión ética, el coach ontológico debe dejar a un lado sus valores personales, sus creencias particulares, sus preferencias individuales. De lo contrario, atentará contra el derecho del coachee a definir su propia existencia en forma autónoma.

El coaching ontológico le exige, por lo tanto, al coach un acto de "desprendimiento" de sí mismo. Para entrar en la interacción, el coach debe, de alguna manera, dejar de ser él mismo. Su vida, sus valores, sus problemas, sus prioridades y preferencias, no tienen cabida en la interacción de coaching. Lo que él haría en caso de enfrentar la situación que le plantea el coachee es completamente irrelevante y sólo interfiere en el logro de los resultados que el coachee busca y que de él se esperan. El coachee no le está preguntando qué haría él (el coach) si estuviera en su lugar. Lo que le pide es qué debería hacer él (el coachee) dado quien es y dado lo que busca en la vida.

¿Implica lo anterior que el coachee desaparece de la interacción? Difícilmente, pues ello, por lo demás, sería imposible. Es más, basta observar una interacción de coaching ontológico para constatar la presencia activa del coach. ¿Cómo conciliar, entonces, ambas cosas? Es una pregunta interesante. El coach está presente, pero como encarnación de un particular discurso sobre el fenómeno humano y de la práctica que de dicho discurso se desprende. Evidentemente no puede prescindir de ser quien es, pero en su disposición hay un esfuerzo explícito por impedir que sus opciones particulares pasen a ocupar un lugar protagónico.

Lo que el coachee debe ser capaz de escuchar cuando el coach interviene en la interacción no es, en rigor, la voz del coach que nace de sus experiencias concretas y de sus preferencias, sino una voz que pareciera provenir desde el interior de sí mismo, desde las profundidades del alma del propio coachee. Lograr esto no es fácil y se aprende a partir de la propia práctica de coaching. Pero es necesario mostrarlo para que un coach en formación aspire a alcanzar ese nivel de competencia. Cuando el coachee mira al coach que tiene en frente, si la interacción está siendo exitosa, en rigor no ve al coach. En la persona del coach debe ser capaz de verse a sí mismo. El coach ontológico debe aspirar a convertirse en un espejo para el coachee. Éste es uno de los secretos más importantes de la práctica del coaching ontológico.

30. Desde el "claro" ontológico

¿Cómo lograr lo anterior? ¿Cuáles son los elementos que deben estar presentes en la interacción de coaching ontológico para generar estos resultados? En otras palabras, ¿cuál es la plataforma ética específica de la interacción del coaching ontológico? Ella está conformada por muy diversos elementos.

El primero, pero de ninguna manera el único, apunta a la importancia de que el coach ontológico se sitúe efectivamente dentro de lo que llamamos "el claro ontológico". La noción de claro la hemos desarrollado en otros trabajos[12]. Apunta a los presupuestos que acompañan a un determinado discurso para, desde él, observar la realidad, generar determinadas interpretaciones y reconocer en ella posibilidades de acción que, de lo contrario, simplemente no seremos capaces de ver.

Ello nos lleva a reiterar una idea en la que hemos insistido ya varias veces: el estrecho vínculo que existe entre el

---

[12] Véase a este respecto, Rafael Echeverría, *Por la senda del pensar ontológico*, capítulo II, JCSáez Editor, Santiago de Chile, 2007.

discurso de la ontología del lenguaje y la práctica del coaching ontológico. Éste es un aspecto no siempre adecuadamente reconocido. Muchas veces se tiene la impresión de que el discurso de la ontología del lenguaje es un complemento de la práctica del coaching ontológico. O bien, que los desarrollos discursivos son tan sólo "incursiones teóricas", de escasos efectos prácticos. Rechazamos tajantemente esa posición. Los ojos de la práctica los proporciona el discurso y si el discurso es pobre, la práctica que de él se deriva lo será también, inevitablemente.

El alcance de la práctica del coaching ontológico reside en el discurso en la que esta se inspira, de su rigor, de su profundidad, de su coherencia. Cada uno de estos tres términos ameritaría un desarrollo propio. Un discurso que no es riguroso, que es superficial y que integra cualquier cosa sin cuidar su coherencia, es, en definitiva, un discurso débil. Ello implica que uno de los caminos clave (no el único) para desarrollar la práctica del coaching ontológico es el desarrollo del discurso de la ontología del lenguaje.

31. El papel de la intuición

Es importante reconocer que el discurso, las distinciones que ofrece y las competencias que de él resultan, pueden terminar asfixiando la interacción de coaching y comprometiendo algunos aspectos que le son fundamentales. Mencionaremos solamente dos: la intuición y la conexión emocional con el coachee.

El destacado psicólogo Milton Erickson sostenía: "Sabemos muchos más de lo que creemos saber". Mucho de nuestro conocimiento no aflora a la conciencia como tal, sino que se encuentra como huellas dejadas en nosotros por nuestra historia de experiencias y se mantiene en estado latente, oculto a nuestra conciencia. Sin embargo, suele expresarse en situaciones en las que tenemos la impresión de que sabemos algo, sin saber exactamente de dónde proviene. Es una suerte de conocimiento que nace de las entrañas. Lo llamamos "intuición".

El coach ontológico no puede prescindir de la intuición, pero debe ser muy cuidadoso con su uso. El conocimiento intuitivo se nos presenta como un conocimiento de fundamento difuso y muchas veces se confunde simplemente con un conocimiento infundado. Y así como el coach ontológico requiere apoyarse en su intuición, debe igualmente estar listo a soltar aquellas interpretaciones o intervenciones que no logran generar los resultados que inicialmente pensaba que ellas podían producir. Hay pocas cosas más peligrosas en la interacción de coaching que un coach "casado con sus ideas" y que arremete con ellas produciendo desastres, que no sabe soltar sus intuiciones a tiempo. Es un tipo de coaching que termina por comprometer la ética que debe acompañar a esta interacción.

32. La importancia de la conexión emocional

Sin embargo, lo central de la interacción de coaching, cuando nos hemos afirmado en el discurso que lo sustenta, reside en la conexión emocional que el coach establece con el coachee y en el diseño de un espacio emocional adecuado para realizar dicha interacción. Esta conexión tiene dos componentes. El primero es emocional, pero el segundo no, aunque esté acompañado de lo emocional. Este último es, en rigor, lingüístico. Nos referimos a la capacidad de escucha que debe exhibir el coach hacia su coachee[13]. Una

---

[13] Este tema es abordado por Rafael Echeverría en *Actos de lenguaje, Vol. I: La escucha*, JCSáez Editor, Santiago de Chile, 2007; y en *Escritos sobre aprendizaje: Recopilación*, JCSáez Editor, Santiago de Chile, 2009.

escucha muy efectiva es un ingrediente insustituible de la interacción del coaching.

No es un tema trivial, pues provenimos de una tradición que ha distorsionado por completo el carácter del fenómeno de la escucha. La única forma de entender por qué la escucha representa un factor determinante de la interacción de coaching ontológico es a partir de la capacidad de repensar el fenómeno de la escucha y hacerlo desde el "claro" ontológico. Sólo entonces descubrimos su importancia y aprendemos en qué consiste, cuáles son las acciones que genera una escucha efectiva. Éste es un buen ejemplo de cómo el ámbito discursivo auxilia el ámbito práctico del coaching. No pretendemos desarrollar aquí lo que ha sido nuestra reconstrucción ontológica del fenómeno de la escucha. Ese tema ha sido ampliamente abordado en otros trabajos nuestros citados en este libro. En esta oportunidad, sólo nos interesa destacar su importancia.

33. Diseño del espacio emocional de la interacción de coaching

Hemos guardado deliberadamente para el final lo que dice la relación con el espacio y la conexión emocional que debe prevalecer en la interacción de coaching ontológico. Quizás porque es aquí donde tiene mayor peso la ética en esta práctica.

Volvamos por un momento a la declaración de quiebre o de problema del coachee que hace de punto de arranque de la interacción de coaching. Es fundamental reconocer que toda una historia de vida incide en las dificultades que enfrenta el coachee para procurarse por sí mismo una salida. El coachee, en los hechos, se ha situado en los límites de su alma, de su forma particular de ser, y esa frontera no es fácil de cruzar. Todas esas dificultades se expresan de muchas maneras: cegueras, razones, emociones, un cuerpo que se rigidiza y no encuentra repertorios para actuar de un modo diferente de como siempre lo ha hecho. El quiebre suele colocar al coachee en la frontera de sí mismo y, desde allí, el salto usualmente parece imposible.

Aun cuando el coachee vislumbre la posibilidad de una salida, esta se le suele presentar como un "salto al vacío", una experiencia de eventual desintegración, que nosotros muchas veces llamamos "el encuentro con la nada". El quiebre lo sitúa literalmente frente a un precipicio que lo induce a abandonar el espacio conocido de su ser para entrar en otro que para el coachee asume el carácter de no-ser (pues es un espacio que para él o ella no ha sido) y, por lo tanto, es vivido como la nada. Creemos que es vital que el coach reconozca esta situación y procure colocarse en el lugar del coachee. Lo que el coach pudiera concebir como una posibilidad para el coachee constituye una experiencia desintegradora.

Esta situación es vivida por el coachee de varias formas, pero hay un ingrediente que suele estar presente en gran cantidad de ellas: el miedo. Cruzar esa frontera equivale muchas veces para el coachee a lanzarse a un precipicio y dejarse arrastrar por el vacío. Eso da miedo y sitúa al coachee en un espacio emocional muy precario que, por lo general, cierra la posibilidad de la transformación.

Para diseñar esa transición a un nuevo espacio de ser, el coach debe entender que, aunque para él o para ella sus conocimientos ontológicos son muy importantes, ese tránsito no se produce en la esfera del conocimiento. No es a través de argumentos y razones que el coachee suele optar finalmente por la senda de la transformación. Lo principal para abrir esa opción serán las condiciones emocionales que el coach sea capaz de generarle al coachee para que este supere el miedo y se atreva a cruzar esa frontera que lo mantiene cautivo.

El secreto de la interacción de coaching reside en el diseño del espacio emocional que le permitirá al coachee el cruce hacia su tierra prometida y la liberación de aquello que hasta ese momento lo mantenía sofocado, esclavizado, constreñido.

34. El poder de la positividad emocional y el retorno a los ejes ético-emocionales

Así como el espacio emocional es el secreto de la interacción de coaching ontológico, la positividad emocional es el secreto al interior de ese espacio. El poder de la interacción de coaching descansa en su positividad emocional. Ella es la clave de los resultados exitosos y estables de la interacción. No hay palabras suficientes para enfatizar lo que acabamos de decir. Asimismo, no hay excusas suficientes para sacrificar el papel que le corresponde a la positividad. Ésta simplemente no es transable.

¿Qué significa esa positividad? ¿Cómo se expresa? Ello de alguna forma nos conduce de vuelta a la matriz ético-emocional antes descrita. La positividad emocional se expresa de manera concreta en respeto, dignidad, confianza, humildad, ambición (y esperanza) y aceptación (paz).

Para entrar en una disposición que le permita avanzar hacia la transformación, el coachee debe sentirse respetado, aceptado, es más, apreciado y querido por su coach. La interacción del coaching es una interacción sustentada en el amor y el compromiso genuino del coach de estar efectivamente al servicio del coachee. El coachee necesita sentir que su situación y su persona son cuestiones que le importan al coach y por las que este se compromete. No es posible hacer coaching ontológico desde el desprecio o desde la indiferencia hacia lo que le sucede al coachee.

Algunos podrán preguntarse, ¿cómo es posible amar a alguien que se acerca pidiendo coaching cuando, muchas veces, no lo habíamos visto nunca antes? ¿A alguien que no, conocíamos? ¿O a alguien que conocíamos y con quien hemos tenido innumerables dificultades en el pasado? Nuestra respuesta es simple: a través de la propia interacción. No importa cuál sea el punto de partida, cuando esa persona se abre con su coach y le confía sus heridas, sus desgarramientos, sus sufrimientos, el coach debe ser capaz de cerrar ese pasado, de colocarse en el lugar de esa persona, de comprenderla (aunque no comparta muchas de sus opciones) y, por ende, de quererla. El amor se construye en la interacción. Surge de la capacidad de escucha del coach, de la competencia que este debe desarrollar de desprenderse de sí mismo y colocarse genuinamente en el lugar del otro. Sólo así el coach podrá otorgarle a su coachee el espacio de contención que este requiere. Sin esa capacidad de contención el coaching ontológico tiende irremediablemente a fracasar.

El factor del respeto no sólo debe estar dirigido hacia el coachee durante la interacción del coaching. Éste, en su relato, involucra a terceros, que también son parte de la interacción. Pero la manera como estos aparecen no es como ellos son, sino sólo como son observados por el coachee. Es muy posible que, de conocer y escuchar el coach a tales terceros, se forme una impresión muy diferente de la que posee el coachee. Su impresión, no lo olvidemos, será igualmente su propia manera de concebirlos y no lo que ellos "son". Esto último es, en rigor, inasible. Todo ello obliga al coach a mantener hacia esos terceros una disposición equivalente de respeto, sin aceptar o validar la visión que de ellos entrega su coachee. El respeto, por lo tanto, debe estar presente en el coach, tanto en relación al coachee, como a los terceros que este invoca.

El coach ontológico debe cuidar y afirmar la dignidad personal de su coachee. Es más, muchas veces debe ir más lejos: parte de su obligación consiste en ayudar al coachee a recuperar la dignidad perdida cuando ella se ha visto comprometida. La invocación de la dignidad personal del coachee es condición para que este se levante y acometa por sí mismo las transformaciones requeridas. La interacción de coaching ontológico es para el coachee una experiencia de reconstrucción de su dignidad personal. Ésta debe verse fortalecida como resultado de la interacción.

Para que ello sea posible, el coach debe saber crear con el coachee un espacio sólido de confianza. La confianza es la llave que conduce al coachee, primero, a abrirse a su coach y, segundo, a escucharlo de una manera que habilite su propia transformación. El coach ontológico, por lo tanto, es un constructor, un generador de confianza. Cuando esta falta, la interacción de coaching se ve mermada. A este respecto es preciso hacer algunas advertencias. Muchas veces el coach comete errores que se pagan con la confianza que hasta entonces le confería el coachee. Por lo tanto, el coach debe ser capaz de observar esas situaciones y de reconstruir la confianza destruida.

La confianza no se pide ni, mucho menos, se exige. La confianza que requiere la interacción de coaching debe ser ganada por el propio coach. No hay nada más absurdo que el coach que recrimina a su coachee porque este no confía en él. El coach es el responsable de generar la confianza y de preservarla durante la interacción. Si en un determinado momento ella se pierde, la responsabilidad es exclusivamente del coach. Él o ella tenían la obligación de haber anticipado algo que en su momento no percibieron, así como ahora tienen la obligación de asumir sus equivocaciones y cegueras para que esa confianza se restablezca.

Pero hay más. Situamos la emocionalidad de la confianza en un eje que tiene como su opuesto al miedo. La confianza en la interacción de coaching es el antídoto frente al miedo que detiene y muchas veces paraliza al coachee. Sin la confianza que le proporciona al coachee el espacio emocional de la interacción es muy difícil que este se atreva a asomarse a las posibilidades que la conversación con el coach irá tejiendo. Menos todavía a tomar las acciones que resulten del reconocimiento de tales posibilidades. No olvidemos que un factor decisivo que frena al coachee para mirar con otros ojos su situación y estar en condiciones de enfrentarla es precisamente el miedo[14].

Todo lo anterior no puede lograrse si el coach no opera en todo momento desde la más completa humildad, consciente de sus propias limitaciones y siempre dispuesto a asumir y enmendar sus errores. Ésta es la clave de la capacidad de desprenderse de sí mismo y de adquirir esa presencia transparente a la que nos hemos referido, para poder convertirse efectivamente en el espejo del coachee. El coach ontológico debe saber soltar su ego, su orgullo, sus absolutismos para lograr fluir con su coachee y ayudarlo a construir su camino de transformación.

Para lograr ese objetivo debe ser capaz de despertar en el coachee esperanza y ambición. Debe ser capaz de mostrarle posibilidades que este muy probablemente no observaba y de permitirle creer que él o ella puede perfectamente alcanzarlas. Debe reconciliarlo con el poder de su capacidad de acción, pues será, en último término, a través de la acción que el coachee acometerá las transformaciones que le hacen falta y construirá para sí mismo una forma de ser diferente. La interacción de coaching ontológico culmina en las nuevas acciones que ahora debe emprender un coachee, una vez que ha modificado el observador que solía ser, gracias a la interacción de coaching.

Para equipar al coachee con la liviandad que lo aliente a volar, a tomar esas nuevas acciones que requiere para superar su quiebre, generalmente es necesario disolver en el coa-

---

[14] Para mayor abundamiento sobre el fenómeno de la confianza, véase Rafael Echeverría, *La empresa emergente*, sección final.

chee los lastres que traía del pasado y que incrementaban su gravedad y su peso. Esto frecuentemente lo obliga a convertirse en un observador diferente de este pasado para limpiarlo de aquellos resentimientos que lo mantenían atrapado en experiencias que ya tuvieron lugar y que, nos guste o no, lo seguirán acompañando por el resto de su vida. La interacción de coaching ontológico constituye muchas veces un proceso de purificación, de limpieza del alma. Un alma cargada de culpas y resentimientos difícilmente podrá emprender el vuelo hacia un futuro diferente.

35. Los orígenes oscuros de la práctica del coaching ontológico

Es importante advertir, sin embargo, que los planteamientos que acabamos de hacer y que configuran el corazón de la ética del coaching ontológico no siempre han acompañado a esta práctica. Personalmente me inicié en una escuela que invocaba el coaching ontológico y que hacía de este una práctica sustentada en una plataforma ética opuesta a la que hemos descrito. En vez de priorizar la positividad emocional, por lo general imponía un clima emocional de alta negatividad. Ello era incluso defendido y justificado de manera explícita.

El tipo de interacción que esta escuela promovía recurría permanentemente a la falta de respeto, al maltrato, al abuso de la dignidad del coachee. Se realizaba un tipo de coaching ontológico que se afirmaba en la arrogancia del coach, que frente a la falta de confianza que ello generaba, responsabilizaba al coachee y lo hacía sentirse culpable por algo que era, en rigor, reflejo de las incompetencias del coach.

Mi ruptura con dicha escuela apuntaba, como lo hice presente en varias oportunidades, a producir un cambio profundo en el carácter del coaching ontológico para colocarlo en una plataforma ética radicalmente diferente. Ello, sin embargo, no ocurrió de la noche a la mañana. Para lograrlo tuve que iniciar un proceso de cambios progresivos hasta llegar donde hoy me encuentro y poder fundar una escuela de coaching ontológico muy diferente. Durante ese proceso, solía descubrir que sobrevivían en mis propias prácticas (y evidentemente en las de quienes formaban parte de mi equipo) resabios autoritarios del pasado de los que fue necesario ir alejándose poco a poco, diseñando caminos que en un primer momento no tuvimos claros.

Léase lo anterior como una reflexión autocrítica frente un período que no estuvo exento de errores y aprendizajes. Creemos, sin embargo, haber alcanzado una fase en nuestro desarrollo que, aunque no libre de errores, pues siempre los cometemos, ha consolidado una plataforma ética que ha conferido a la práctica del coaching ontológico un poder que en un comienzo nunca pensamos que pudiera alcanzar.

Hubo en este proceso una etapa que, de alguna manera, estuvo marcada por esos resabios autoritarios y que ha logrado sobrevivir más allá de nosotros, en coaches que nosotros mismos formamos y que muchas veces formaron posteriormente sus propios coaches. En plena transición hacia una ética diferente, introduje una distinción que hoy no dejo de lamentar. Acuñé el término de "irreverencia gentil" para introducir un recurso de intervención en el coaching que legitimaba una práctica que hoy condeno de manera explícita. Ella permitía, invocando que lo hacíamos para servir al coachee, faltarle gentilmente el respeto y sacudirlo del lugar donde se encontraba para facilitar su desplazamiento. Hoy considero que ello era expresión de nuestras incompetencias de entonces. Echábamos mano a esa tal "irreverencia gentil" para salir de la desesperación que muchas veces sentíamos frente a nuestra propia inefectividad. No sabíamos resolver esta situación de otra forma.

El problema era que muchas veces esa "irreverencia gentil" terminaba haciéndole daño al coachee. No mejoraba los resultados, los empeoraba.

36. El fracaso del "programa de aprendizaje transformacional"

Esa situación describe un rasgo que ha estado presente no sólo en la historia del coaching ontológico. Algo similar podemos observar en otra escuela, que se desarrollara a partir de la segunda mitad del siglo XX en los Estados Unidos y que llevó el nombre de "aprendizaje transformacional". Su principal exponente fue el destacado profesor de la Universidad de Harvard, Edgar Schein. Es un caso interesante que conviene examinar con cierto detalle.

La historia de esta escuela de aprendizaje transformacional nos remite a la Guerra de Corea. Durante ese conflicto bélico, los Estados Unidos percibieron un fenómeno que desconcertó a muchos. Un gran número de soldados que caían presos eran llevados a campos de concentración, muchas veces asesorados por militares chinos, en donde se los sometía a un proceso que rápidamente fue bautizado como "lavado de cerebro". Cuando esos prisioneros eran liberados, se observaba que salían de los campos de concentración casi irreconocibles desde el punto de vista de los valores y creencias que ahora defendían. Habiendo sido previamente personas que se identificaban con los valores de la sociedad estadounidense, se habían convertido en críticos implacables de ella y en férreos defensores del socialismo y de sus captores. Una vez libres, y por lo tanto sin restricciones que los obligaran a decir lo que no pensaban, expresaban los valores propios de sus enemigos.

Muchos académicos estadounidenses vieron en esto un fenómeno digno de ser estudiado, pues lo percibían como algo asociado a lo que entonces se relacionaba con el aprendizaje. ¿Cómo era posible que se hubiera producido una transformación tan profunda? ¿Cuáles era los factores que la habilitaban? ¿Era posible generar procesos de aprendizajes de tal profundidad? Éstas fueron algunas de las interrogantes que orientaron el programa de esta escuela de "aprendizaje transformacional". Si los coreanos y los chinos habían sido capaces de convertir a los soldados estadounidenses, defensores de la democracia y de la libertad, en socialistas convencidos y defensores de sus guardianes en los campos de concentración, quizás este tipo de transformación podía ser aplicado en otros ámbitos.

Durante varias décadas la escuela de "aprendizaje transformacional" procuró responder esas interrogantes y desarrollar estrategias de aprendizaje semejantes a las observadas en la Guerra de Corea. Sin embargo, todo ese esfuerzo terminó en un total fracaso. En marzo de 2002, Edgar Schein publicó en la *Harvard Business Review* un artículo titulado "The Anxiety of Learning" en el que, muy honestamente, declaraba el fracaso de su escuela. Su conclusión fue que el aprendizaje transformacional era un fenómeno muy difícil de producir, que sólo se logra en casos muy excepcionales, y que, por lo general, genera en quienes se someten a él más problemas que beneficios. Con ello, de alguna forma, esta escuela declaraba cerrado su programa de investigación.

Ésta es una experiencia que para nosotros resulta fundamental. No olvidemos que patrocinamos la opción del "aprendizaje transformacional". Ello nos obliga, por lo tanto, a asumir las conclusiones a las que arriba Schein. Pero estas conclusiones no nos sorprenden. Por el contrario, nos hacen perfecto sentido. En la medida en que sustentemos el aprendizaje transformacional en las prácticas ejercitadas en los campos de concentración, los resultados no pueden ser sino aquellos a los que llega Schein. El aprendizaje transformacional promovido desde la represión, la negatividad, la falta de respeto, la deprivación, el castigo y la violencia tiene muy pocas posibilidades de prosperar. Sus resultados, como bien nos indica Schein, serán escasos, y sus estragos mayores. Sólo en la medida en que invirtamos la plataforma ética en la que lo sustentamos, que lo hagamos descansar en la positividad y en los diversos factores ético-emocionales antes descritos, podremos reabrir el camino del aprendizaje transformacional.

37. El proceso de coaching ontológico, sus fases y su presencia en la interacción

Estamos avanzando hacia el cierre de nuestra reflexión. Nos quedan, sin embargo, algunos puntos pendientes y no queremos concluir sin decir algunas cosas sobre ellos. En este ensayo no hemos aludido a muchos temas que son sin duda importantes en la interacción de coaching. No hemos hablado, por ejemplo, de las competencias concretas en las que el coach apoya su trabajo. Tampoco nos hemos referido al proceso de interacción que representa el coaching ontológico y a sus distintas etapas. Este libro no pretende ser un manual de coaching ontológico. Hemos restringido su ámbito a lo que nos parece más esencial: su carácter profundamente ético. Eso sí, hemos realizado referencias cruzadas con otros textos en los que profundizamos en ciertas concepciones, introducimos determinadas distinciones y desarrollamos algunas competencias que son fundamentales. El lector podrá completar esta lectura con lo que se plantea en esos textos.

Nos interesa, sin embargo, hacer alguna referencia al proceso de coaching y sus etapas en aquellos aspectos que consideramos relacionados con la ética que se despliega en su ejercicio. Cuando formamos coaches, dedicamos tiempo a hablar sobre el proceso de la interacción y sus distintas etapas. No podemos formar coaches sin que ellos dominen este tema. Pero hay un aspecto importante en nuestra enseñanza que consiste en que, cuando estimamos que nuestros alumnos han aprendido lo anterior, les pedimos que entren en las interacciones concretas de coaching que deben realizar, dejando en el trasfondo aquello que acaban de aprender.

Es preciso explicar bien lo anterior. En nuestra escuela, entender cabalmente el carácter del proceso de coaching y conocer sus diferentes etapas representa un conjunto de distinciones dirigidas a formar el tipo de observador que debe ser el coach ontológico. Ése es el dominio de esta enseñanza. No son distinciones que necesariamente guíen la acción del coach durante la interacción. No promovemos una interacción que deba realizarse con pasos obligados. Cuando el énfasis se pone en los pasos, la atención se concentra en la formalidad del proceso y deja de estar puesta en el coachee. No es esa la interacción que propiciamos. Cuando ello sucede, de alguna manera se sacrifica la contención que el coach está obligado a brindarle al coachee. La interacción se rigidiza y pierde fluidez. Más importante que seguir determinados pasos del proceso es preservar y fortalecer el vínculo emocional con el coachee.

Ello no significa que la formalidad de los pasos esté ausente de la interacción. Nuestra expectativa es que esta, de alguna forma, opere desde el trasfondo sin distraer la atención del coach en el coachee. A medida que ganamos experiencia, ello se logra. Al inicio, es posible que haya momentos en los que debamos apoyarnos en los aspectos formales del proceso. Pero nos interesa hacer explícito que uno de los objetivos que debe alcanzar un coach ontológico experimentado es aprender a liberarse del cautiverio de esa formalidad.

Hay una etapa del proceso en la que esta misma formalidad abandona el trasfondo y vuelve a un primer plano. La última fase de todo proceso de coaching –generalmente olvidada por algunas corrientes– es la evaluación de la interacción realizada. Es una fase fundamental en el proceso de interacción de coaching, pues le brinda al coach las mejores oportunidades de aprendizaje y mejoramiento. El coach ontológico es lo que Donald Schön llamara un "practicante reflexivo", alguien que debe saber aprender de su propia práctica. Pues bien, en esta fase de evaluación, que muchas veces llamamos "la fase de la cocina", la formalidad de las etapas del proceso nos es particularmente útil para guiar nuestra evaluación. En ese momento debemos volver a ella y utilizar lo que sabemos para evaluar nuestra actuación a la luz de los resultados obtenidos y de la apreciación que el mismo coachee debe proporcionarnos.

Sin embargo, creemos esencial que el coach no despliegue una suerte de proceso interactivo "pautado", en el que los aspectos formales del proceso predominen por sobre el fluir espontáneo que surge de la conexión emocional con el coachee y sobre los objetivos a alcanzar, quedando de manifiesto y muy marcadas cada una de las fases del proceso y cada una de las competencias asociadas con estas. Es muy posible que un buen observador, conocedor de los aspectos formales del proceso de interacción de coaching ontológico, logre percibir esas fases que para ojos menos adiestrados probablemente sean invisibles.

38. La ausencia de un camino "correcto" predeterminado

Lo anterior se asocia con otro tema que nos parece relevante y que nos permite ir algo más lejos. A pesar de la formalidad de las fases del proceso, el coaching ontológico no se desarrolla a partir de un camino preestablecido. Los caminos de las interacciones de coaching son infinitos. No hay uno que sea el "correcto" y que invalide a los demás. Es una interacción que se identifica con el mundo de las multiplicidades. Cada interacción es única y frente a ella existen múltiples maneras de abordarla. Todo coach lo sabe; de allí la sensación de vértigo y también de temor que muchas veces sentimos antes de iniciar una interacción. No podemos anticipar lo que nos deparará. No sabemos de antemano el camino que deberemos escoger ni a dónde nos conducirá. Ello dependerá de muchos factores: del quiebre del coachee, de las intuiciones del coach, entre otros. La interacción de coaching ontológico se valida estrictamente por sus resultados.

Las preguntas clave son: ¿fue esta interacción capaz de agregarle valor al coachee? ¿Le mostró algo que antes no veía y que le es útil para encarar su situación? ¿Le abrió nuevas posibilidades? ¿Le mostró nuevos caminos de acción? El único que puede responder esas preguntas es el propio coachee. Es completamente absurdo que el coach pueda estar satisfecho con su desempeño si el coachee no lo está. Ahora bien, no es absurdo que el coach se sienta insatisfecho, que sienta que pudo haber hecho mucho más, y que, sin embargo, el coachee se declare satisfecho con lo logrado.

Reiterémoslo: en el coaching ontológico no existe un camino preestablecido. Se hace camino al andar y cada sendero es novedoso. Ello muchas veces nos genera espejismos como cuando los resultados que logramos son efectivos y sentimos que hicimos exactamente lo que "debía" hacerse. Pero no es más que una ilusión, aunque de ella participen tanto el coach como el coachee. Es sólo a posteriori que construimos esa impresión. Es un efecto del resultado efectivo. Pero ella no existe en el inicio y, por lo tanto, no fue parte del diseño de esa interacción. Al comienzo tenemos intuiciones de caminos que podrían ser efectivos, pero nada más. El punto es el siguiente: la efectividad de un camino no lo convierte en "el" camino. La efectividad lograda no impide que existan múltiples formas de alcanzar resultados equivalentes o, incluso, muy superiores. La efectividad no valida el camino, si ello implica negar la posibilidad de otros. Sí lo valida en la medida en que permitió alcanzar ciertos resultados que tienen valor para el coachee.

Lo anterior tiene especial relevancia para la formación del coach. Al alejarse de la presunción de haber hecho lo "correcto", aquello que "verdaderamente" había que hacer, el coach ontológico se cuida a sí mismo de caer progresivamente en la arrogancia y de comprometer la humildad que siempre debe acompañarlo en el ejercicio de su oficio. La pendiente de la arrogancia y de la inflación del ego es un imán muy poderoso en el oficio del coach. Éste sabe que a través de su quehacer logra resultados que muchas veces poseen para el coachee ribetes milagrosos. No es siempre fácil preservar la humildad.

Sin embargo, cuando sacrificamos la humildad incrementamos nuestras cegueras y corremos el riesgo de hacer mucho daño. Esto obliga al coach ontológico a procesos permanentes y rigurosos de autoexamen y al reconocimiento de sus limitaciones. Los resultados que obtiene y que tantas veces maravillan a otros no hacen del coach un ser superior, mejor que los demás. En rigor, su poder no le pertenece. Es un poder que proviene de un discurso particularmente potente y de las prácticas no menos poderosas que resultan de él. Nada lo coloca por sobre los demás. Un coach ontológico que se aleja de la humildad corre el riesgo de convertirse en un ser aberrante. A veces los hemos visto deambular por el mundo, produciendo espectáculos muchas veces patéticos. Ése es uno de los mayores peligros relacionados con este oficio. El coach ontológico debe estar permanentemente atento al cultivo de su ética.

39. Los errores en la práctica del coaching ontológico

Lo que acabamos de expresar está asociado con un tema imposible de esquivar: los errores que se generan en la práctica del coaching. En el ejercicio de la práctica del coaching ontológico, como en cualquier actividad, se cometen errores. El problema es que ellos suelen afectar al coachee. No es posible evitarlo. No hay forma de garantizar que esto no suceda. Con la práctica, a medida que ganamos más experiencia, solemos equivocarnos menos, pero no dejamos de hacerlo. Explicar por qué ello ocurre es banal. Los seres humanos no estamos libres de cometer errores. Pero en el contexto de las interacciones delcoaching estos riesgos se acrecientan y sus efectos pueden ser devastadores, si no aprendemos a manejarlos.

En parte se acrecientan por el carácter siempre único de estas interacciones. Es cierto que con la experiencia logramos detectar patrones de comportamiento que luego observamos que tienden a repetirse en otros individuos y eso nos ayuda a evitar la frecuencia de los errores. Pero no es menos cierto que el coach ontológico trabaja con unas de las materias más delicadas que podamos imaginar: el alma humana y su misterio. Ello nos obliga a ser extremadamente cuidadosos.

Todo esto implica que la formación de un coach ontológico no puede sólo centrarse en el desarrollo de aquellas competencias que nos ayuden a cometer menos errores. Ellas son, sin duda, importantes. Pero no lo son menos aquellas que nos enseñan a asumir los errores que cometemos. Ésta es una línea fundamental de aprendizaje en la formación de un coach ontológico. Éste debe saber que los errores son inevitables y que, cuando suceden, su única opción es saber hacerse cargo de lo sucedido. Esto ayuda a la formación del carácter del coach, pues esos errores lo obligan nuevamente a practicar la humildad.

Saber hacerse cargo implica saber reconocer los errores, declararlos como tales y tomar las acciones que permitan rectificar lo realizado. El coach debe saber disculparse frente a su coachee y ser el primero en reconocer cuando se ha cometido un error. Debe saber dejar a un lado su orgullo para hacer aquellas rectificaciones necesarias para enmendar los resultados obtenidos. Un recurso frecuente para evitar lo anterior consiste en responsabilizar al coachee de lo que sucedió. Hay infinitas formas de hacerlo, cada una más creativa que la anterior. Digámoslo claramente: el coachee no es nunca responsable por los efectos negativos de una interacción de coaching. El responsable es siempre el coach.

Si sucedió algo que el coach no había previsto, si el coachee reaccionó de una forma que para el coach resulta desmedida, este debió haberlo previsto y no lo hizo. Es él o ella quien debe asumir la responsabilidad frente a esa situación. El coachee no tiene la culpa. Él confió en su coach, se expuso y de ello salió lastimado.

Un buen coach no es aquel que no comete errores. Tal coach no existe. Un buen coach es aquel que comete menos errores que muchos otros de sus pares, pero es alguien que, cuando los comete, se responsabiliza en el acto y tiene las competencias para rectificarlos. Al operar así, aunque en un momento pudiera haber comprometido la confianza que el coachee había depositado en él, a la postre termina por fortalecer la relación de confianza con su coachee. Todos cometemos errores. El coachee lo sabe, pues él mismo se equivoca. Pero no todos sabemos hacernos cargo de manera efectiva de nuestros errores. Cuando nos encontramos con una persona que sí lo sabe, lo celebramos. El coach ontológico sabe que una vez que entra en una interacción de coaching lo más importante para él es su coachee.

40. ¿Qué define realmente al coaching ontológico? Un debate

Cabe preguntarse, ¿cuál es el rasgo básico que define al coaching ontológico? Es una pregunta que se hacen muchos de nuestros alumnos y a la que responden de distintas maneras. Básicamente, hemos detectado tres tipos de respuestas.

Para unos, la respuesta apunta a la relación que existe entre la práctica del coaching ontológico y el discurso de la ontología del lenguaje. El coaching ontológico se distinguiría de otras modalidades de coaching por el hecho de que se vale de las distinciones e interpretaciones que brinda la ontología del lenguaje. Lo "ontológico", por lo tanto, sería un rasgo conferido por la esfera discursiva y el énfasis para caracterizar el coaching ontológico estaría colocado en su sustento teórico. A nuestro modo de ver, esto genera una concepción distorsionada que peca por su "intelectualismo".

En cambio para otros, lo central en el coaching ontológico es la conexión emocional y corporal, y el despliegue, dentro de esa conexión, del poder de la intuición. Esa opción tiene múltiples variantes, desde aquellos que definen la práctica del coaching como algo mágico o sagrado, profundamente misterioso y cuyo misterio no es posible dilucidar del todo, hasta otros algo más laicos y menos inspirados, que afirman que el secreto del coaching remite sólo a los factores emocionales y corporales de conexión. Si bien postulamos el carácter misterioso del alma humana, rechazamos la idea de que el proceso de coaching ontológico lo sea. De esta postura se genera una distorsión que podríamos calificar como de "emocionalismo" o de "intuicionalismo", según el énfasis que se le confiera a la emoción o a la intuición.

Por último, hay un tercer grupo que define el rasgo constitutivo del coaching ontológico de acuerdo a determinadas metodologías de intervención que, en efecto, son utilizadas en esta práctica. Lo que define el coaching ontológico es, para ellos, la sujeción a las fases del proceso, a la utilización de determinados procedimientos y a la aplicación de aquellos "mapas" de los que frecuentemente hace uso el coach ontológico. Ellos representan la variante "formalista" dentro del espectro de interpretaciones que se ofrecen sobre esta práctica. Lo importante para ellos es la "forma" que asume la interacción. Cuando no se siguen las fases del proceso, argumentan, no hay coaching ontológico.

EL DEBATE:
¿Coaching ontológico?

DISCURSO/
TEORÍA
Distinciones e
interpretaciones

CONEXIÓN
EMOCIONAL
Y CORPORAL
Intuición

METODOLOGÍA
DE INTERVENCIÓN
Fases,
procedimientos,
mapas

INTELECTUALISMO   *EMOCIONALISMO*   *FORMALISMO*

DIMENSIONES
EXCLUYENTES

¿Quién tiene la razón? A nuestro modo de ver, ninguno. Todos, sin embargo, poseen en sus posiciones algún grado de acierto. El rasgo que escogen para definir lo "constitutivo" del coaching es, en efecto, un aspecto destacado de esta práctica. Pero cada una de esas variantes hace de aquel rasgo que seleccionan y privilegian un rasgo exclusivo y excluyente de los demás. Al proceder así, sus posiciones se convierten en desviaciones de algo que nos parece central.

Para entender lo anterior es preciso desplazarse de esa mirada exclusiva y excluyente, y adoptar una visión convergente. No se trata de optar por un determinado rasgo en desmedro de otro. Cada uno de ellos hace un aporte innegable. El problema no reside en los rasgos que se seleccionan, sino en cómo se relacionan con los demás.

¿Implica eso que no existe un rasgo definitorio? En ningún caso. Pienso que es posible encontrar un rasgo que sea distintivo de toda interacción de coaching ontológico, pero este no pertenece a los elementos que caracterizan al proceso de la interacción, sino que reside en los resultados. Desde nuestra perspectiva, hay coaching ontológico cuando a partir de un determinado proceso interactivo y en razón de él se genera el fenómeno que hemos caracterizado como "desplazamiento ontológico", que implica un cambio cualitativo en la forma de ser del coachee o lo que hemos llamado un "aprendizaje transformacional". Utilizando el lenguaje sistémico, se produce una "transición de fase" en el dominio ontológico o del ser.

Si el resultado es lo que define el carácter de la interacción, determinando si fue o no coaching ontológico, surgen varias situaciones que debemos asumir. Ello nos obliga a separar el resultado del proceso de la interacción. No es el carácter de la interacción, sino su resultado lo que define el coaching ontológico. Y, por lo tanto, sin importar demasiado cómo haya sido la interacción, si el resultado es el que hemos señalado, entonces se habrá producido coaching ontológico.

Dicho esto, es preciso hacer dos acotaciones. La primera es que si bien esto no descarta que procesos diferentes de los que hemos descrito generen resultados de coaching ontológico, la expectativa de obtener esos resultados es extremadamente baja en relación a la de lograrlos siguiendo los procesos que hemos propuesto, procesos en los que la dimensión discursiva, la conexión emocional y corporal, y la presencia en el trasfondo de fases, procedimientos y mapas están presentes.

La segunda acotación está relacionada con el reconocimiento de que cuando ello se produce, independientemente de los rasgos del proceso, tales situaciones encierran grandes oportunidades de aprendizaje que pueden enriquecer inmensamente la práctica del coaching. Cuando encaramos situaciones como estas, el coach tiene la obligación de preguntarse: ¿qué fue aquello que hice o que no hice que generó este resultado? ¿Cómo se llegó a él? ¿Cómo puedo enriquecer mis interacciones futuras de coaching a partir de esta experiencia? Esto último reviste, a nuestro parecer, la mayor importancia, pues apunta a una de nuestras fuentes más destacadas de aprendizaje. Ha sido precisamente evaluando resultados insatisfactorios que hemos identificado los factores que los corrigen y que permiten generar los resultados que buscamos. Es la propia experiencia la que en múltiples ocasiones nos ha guiado y se ha convertido posteriormente en teoría.

Un interesante dilema surge de la pregunta ¿quién determina si el resultado alcanzado puede o no ser definido como de coaching ontológico? ¿El coachee? ¿El coach? ¿Terceros? ¿Quién tiene verdaderamente la última palabra? Nuestra respuesta es categórica. En rigor, ninguno. Se trata de observadores distintos y ninguno de ellos puede imponerse del todo sobre los demás. Cuando coinciden, claro está, sentimos que el piso de que disponemos es más sólido. Pero nunca es descartable que surja un tercero que lo cuestione. El coaching ontológico, por lo tanto, se constituye como un juicio que no es verdadero o falso, sino que posee más o menos fundamento y que logra más o menos niveles de consenso. Esto no es algo que podamos resolver de manera absoluta y para siempre. Y con esa realidad tenemos que aprender a vivir.

¿Pero qué sucede cuando, por ejemplo, el coachee y el coach discrepan en cuanto al juicio que tienen sobre el resultado? Personalmente, aplico una norma que me ha sido útil para dilucidar esta situación. Si el coachee sostiene que no hubo un desplazamiento ontológico, le confiero autoridad al coachee y acepto que eso es así. Sin embargo, cuando, por el contrario, el coachee sostiene que sí hubo coaching ontológico, no siempre le confiero autoridad a su juicio. Y esto por una razón muy simple. El coachee (al igual que otros observadores de la interacción) muchas veces no sabe ni tiene los estándares suficientes para determinar si ese desplazamiento fue suficientemente profundo como para considerarlo un desplazamiento ontológico. El coach suele operar con estándares mucho más elevados que los que posee el coachee. Me sucede a veces que salgo de una determinada interacción muy insatisfecho a pesar de que el coachee se manifiesta muy satisfecho.

Volvamos al tema inicial de esta sección. Desde nuestra perspectiva, el coaching ontológico se constituye en el resultado que emerge de una interacción, a partir de una dinámica en la que se integran muchos aspectos que contribuyen a que ese resultado se produzca. Dicho de otra manera, estos distintos aspectos –entre los que incluimos el poder del discurso de la ontología del lenguaje, la importancia de la conexión emocional y corporal, el poder de la intuición del coach, su capacidad de escucha y el apoyo que este encuentra en la articulación del proceso de interacción en su diferentes fases– no son excluyentes entre sí, sino que convergen en esta dinámica para producir, como fenómeno emergente, el resultado que llamamos "coaching ontológico".

Todos esos factores juegan un papel destacado en la obtención de ese resultado. Lo que realmente importa, a fin de cuentas, es que como producto de esa interacción se genera un desplazamiento en la forma de ser del coachee. Sin embargo, es preciso hacer un último alcance. Esa variación, ese desplazamiento, lo llamamos un *delta positivo del ser*. No toda variación califica. En primer lugar, por cuanto, como se vio, ella debe ser evaluada como un cambio cualitativo, como una transición de fase. Pero también, por cuanto esa transformación debe ser considerada por el coachee como una expansión del ser que originalmente era, como un desplazamiento hacia una mayor plenitud de su ser, como una apertura de posibilidades, y no como una restricción de su ser o un angostamiento de su umbral de posibilidades. La variación producida debe ser en una dirección positiva.

NUESTRA POSICIÓN:
¿Coaching ontológico?

DISCURSO/
TEORÍA

Distinciones e
interpretaciones

CONEXIÓN
EMOCIONAL
Y CORPORAL

Intuición

METODOLOGÍA
DE INTERVENCIÓN
Fases,
procedimientos,
mapas

DIMENSIONES
CONVERGENTES

RESULTADO
Desplazamiento
ontológico / aprendizaje
de segundo orden
transformacional
Δ^+ SER

RESULTADO
EMERGENTE

41. El coaching ontológico como práctica en un espacio privado

Existe un último aspecto que nos parece necesario abordar y que está relacionado con la ética del coaching ontológico que caracteriza a nuestra escuela. Esto es clave pues da cuenta de una dimensión que está inserta en nuestro propio desarrollo hacia un perfeccionamiento ético de esta práctica. Nosotros mismos provenimos de una escuela que privilegiaba, aunque no de manera exclusiva, una práctica de coaching realizada frecuentemente en público, es más, donde el ejercicio del coaching era uno de los rasgos distintivos de los eventos públicos que realizábamos.

Muy pronto comencé a observar que esas prácticas de coaching en público generaban ciertas distorsiones y tenían efectos éticos de los que era necesario hacerse cargo. Partamos por reconocer que no toda interacción de coaching es siempre exitosa, así como hemos reconocido que a veces cometemos errores. Pues bien, tanto en uno como en otro caso, la presencia del público ejercía en el coach una presión inevitable para mostrar como exitoso lo que no lo era o presentar como aciertos los errores. Ello, en desmedro del cuidado que el coach está obligado a garantizarle al coachee.

La interacción de coaching realizada en público buscaba satisfacer simultáneamente a dos agentes. Por un lado, al coachee, actor obligado de toda interacción de coaching, y, por otro, al público, frente al cual el coach se veía presionado por ofrecerle una suerte de espectáculo que era esperado, muchas veces no sin cierta morbosidad. Ello nos condujo a realizar un importante ajuste. De realizarse, el coaching ontológico no podía tener sino una sola lealtad: atender al coachee. Cualquier otra interferencia debía ser, en lo posible, eliminada. El énfasis quedaba ahora puesto exclusivamente en el aprendizaje de los participantes.

Todo ello nos llevó a desarrollar un concepto al que le conferimos una gran importancia en el ámbito de la ética del coaching ontológico: "la burbuja". La interacción de coaching requería ser una interacción protegida y ese espacio protegido, que llamamos "burbuja", había que diseñarlo. El objetivo era garantizarle al coachee las mayores condiciones de seguridad, privacidad y comodidad, para no exponerlo y cuidar su dignidad personal.

El coaching ontológico dejaba de realizarse en público y pasaba a constituirse en el espacio privado que juntos conformaban el coachee, el coach y, eventualmente, algunos observadores, convocados sólo en práctica de aprendizaje, que se comprometían de antemano con la privacidad de la interacción y la estricta confidencialidad de lo que en ella aconteciera. Todo lo anterior, con la anuencia del coachee. La burbuja, por lo tanto, representa un componente fundamental y distintivo de la ética de la práctica de coaching de nuestra escuela. Una vez concluida la interacción, dentro de esa misma burbuja y como parte del proceso, realizamos normalmente una severa y rigurosa evaluación, con especial énfasis en las áreas de aprendizaje que surgen para futuras interacciones.

42. El privilegio de devenir un coach ontológico

Quisiera cerrar este escrito con una reflexión muy personal. Convertirse en un coach ontológico implica grandes responsabilidades y ello nos exige estar a la altura de las circunstancias. Es un oficio para personas de temple y no para quienes quieren evitar situaciones muchas veces difíciles y complejas. Sin embargo, creo que se trata de una de las opciones de desempeño más gratificantes para conducir nuestra existencia. Ser un coach ontológico es un privilegio y esto es un sentimiento por lo general compartido por los coaches ontológicos.

Pocas opciones de vida son capaces de proporcionarnos el profundo sentido de vida que este oficio nos ofrece. Contribuir a ayudar a los demás en la consecución de los procesos de transformación a los que aspiran, en la realización de sus más altos ideales, en el camino de ser distintos y mejores, es algo que difícilmente encontramos en otros quehaceres. El coach ontológico está comprometido con el bienestar y la felicidad de los demás. Se sabe contribuyente al diseño de mejores relaciones personales y modalidades de convivencia más plenas, más armónicas, más satisfactorias para el conjunto de las personas que participan en ellas.

Ser un coach ontológico es también un reto personal, un desafío que nos obliga a colocar todo de nuestra parte para ser mejores personas en el futuro. No sólo nos preocupamos de los demás, también nos obliga a preocuparnos muy seria y responsablemente de nosotros mismos. Es, por lo tanto, un campo de emprendimiento, que busca plasmar, como obras, otras almas más plenas. Es también un campo de aprendizaje personal, de desarrollo de nuestra propia alma, posiblemente sin parangón.

Un amigo me dijo una vez: "Me resisto a enviar a tus programas a las personas que trabajan conmigo". "¿Por qué?", le pregunté, algo sorprendido. Él mismo había participado con gran entusiasmo en varios de nuestros programas y los conocía muy bien. "Porque luego que pasen por ellos, me temo que querrán convertirse en coaches ontológicos. Es lo que observo que sucede con tantos de tus participantes. Y yo no necesito sólo coaches ontológicos en mi empresa. Necesito gerentes, contadores, ingenieros, vendedores." En un primer momento, sentí que no tenía cómo responderle. De alguna manera, algo de razón le otorgaba a lo que me decía. Pero luego recapacité y pensé que se equivocaba, que lo que me planteaba no era del todo cierto.

Desde el discurso de la ontología del lenguaje, es cierto, nace la práctica del coaching ontológico y ella constituye un oficio muy atractivo. Pero de ese mismo discurso nace también la posibilidad de reconstruir prácticamente cualquier otra práctica social. Gracias a él podemos también llegar a ser mejores médicos, mejores vendedores, mejores políticos, mejores gerentes, mejores profesores, mejores administradores públicos. Muchos de nuestros programas están orientados hacia esas áreas. El coaching es una de las herramientas que utilizamos para alcanzar las transformaciones que buscamos, pero nuestro objetivo primordial no es formar coaches ontológicos.

El discurso de la ontología del lenguaje no sólo conduce a la práctica del coaching ontológico. Tiene también el poder de redefinir múltiples caminos, pues está comprometido con la existencia humana en toda su amplitud y diversidad. Por muy apasionante que sea, el coaching ontológico es tan sólo una de las opciones que este nuevo discurso es capaz de iluminar.

OBRAS DE RAFAEL ECHEVERRÍA
REFERIDAS EN ESTE LIBRO

Actos de lenguaje, Vol. I: La escucha, JCSáez Editor - Ed. Granica, Buenos Aires, 2007.

El búho de Minerva: Introducción a la filosofía moderna, JCSáez Editor, Santiago de Chile, 1990.

El observador y su mundo, dos volúmenes, JCSáez Editor - Ed. Granica, Buenos Aires, Vol. I, 2008, Vol. 2, 2009.

Escritos sobre aprendizaje. Recopilación. JCSáez Editor - Ed. Granica, Buenos Aires, 2010.

La empresa emergente, Granica, Buenos Aires, 2000.

Mi Nietzsche. La filosofía del devenir y el emprendimiento, JCSáez Editor - Ed. Granica, Buenos Aires, 2010.

Ontología del lenguaje, JCSáez Editor - Ed. Granica, Buenos Aires, 2005.

Por la senda del pensar ontológico, JCSáez Editor - Ed. Granica, Buenos Aires, 2007.

¿Qué es el ser humano? Una mirada desde la ontología del lenguaje, DVD, Newfield Consulting, Santiago de Chile, 2010.

Raíces de sentido: sobre egipcios, griegos judíos y cristianos, JCSáez Editor - Ed. Granica, Buenos Aires, 2007.

OBRAS DE OTROS AUTORES

Mayr, Ernst: "The Growth of Biological Thought: Diversity, Evolution and Inheritance", *The Belknap Press of Harvard University Press,* Cambridge, Mass., 1982.

Kandel, Eric R.: *In Search of Memory: The Emergence of a New Science of Mind,* W.W. Norton & Co., Nueva York, 2006.

Ramachandran, V. S.: *The Tell-Tale Brain: A Neuroscientist's Quest for What Makes Us Human,* W.W. Norton & Co., Nueva York, 2011.

Impreso en Gráfica MPS S.R.L.
Buenos Aires, Argentina
En el mes de abril de 2011